AF882560

La inmigración y las oportunidades de la ciudadanía

N.º 35
Serie de Teoría Jurídica y Filosofía del Derecho

Luis Villar Borda
José María Rosales
Compiladores

La inmigración y las oportunidades de la ciudadanía

Universidad Externado de Colombia

ISBN 958-616-957-X

Calle 12 n.° 1-17 este, Bogotá - Colombia. Fax 342 4948

Primera edición: abril de 2005

Fotografía de cubierta: *Barco de emigrantes a América (siglo XIX)*, tomado de *A History of Sweden*, Stockolm, Nathur Och Kultur, 1970.

Composición: Departamento de Publicaciones
Impresión y encuadernación:
con un tiraje de 1.000 ejemplares.

Impreso en
Printed in

Universidad Externado de Colombia

Rector
Fernando Hinestrosa

Secretario General
Hernando Parra Nieto

SERIE DE TEORÍA JURÍDICA
Y FILOSOFÍA DEL DERECHO
N.º 35

Serie orientada por

Luis Villar Borda

Director del
Departamento de Gobierno Municipal

CONTENIDO

PRÓLOGO

La inmigración y las oportunidades de la ciudadanía se inició como un proyecto de cooperación en 2002. La celebración en septiembre de ese año en Alcalá de Henares del I Congreso Iberoamericano de Ética y Filosofía Política constituyó el marco para organizar un simposio sobre "Ciudadanía, inmigración y tolerancia" del que este libro es el primero de sus resultados editoriales en equipo. Gracias a la mediación del profesor José María González, director del Instituto de Filosofía del CSIC, conseguimos el patrocinio de la Casa de América. Su apoyo hizo posible este diálogo entre investigadores de ambas orillas del Atlántico.

De hecho, el subtítulo del simposio, "Pensar en español, III", que continuaba una serie abierta años atrás en la Casa de América, se reflejaba en el intento de contrastar las perspectivas de la emigración y de la inmigración desde América y Europa. Justamente en ese sentido geográfico: Europa es ahora la tierra prometida para cientos de miles de inmigrantes de todo el mundo. España es su principal puerta de acceso pero en nuestro caso, como una ironía, la comunidad de 400 millones de hispanohablantes opera más bien como una comunidad virtual de comunicación y como un entorno de intercambio comercial. Apenas tiene rasgos de comunidad cosmopolita. Los lazos políticos, aunque formalmente llenos de significación cívica, son muy débiles. El idioma, sin duda un instrumento vital para el libre movimiento y para la integración de los individuos, queda neutralizado por una legislación sorprendentemente restrictiva en materia de reconocimiento de derechos fundamentales a los inmigrantes.

Tanto, que puede advertirse una contradicción, profunda y consolidada, en el seno del constitucionalismo liberal europeo, como señalan CARLOS BERNAL y CRISTÓBAL MOLINA en sus respectivos trabajos. Y que se concreta, entre otros aspectos, en la enorme distancia que existe entre el programa constitucional de derechos, tan desarrollado en el plano de las instituciones públicas, como destaca JESÚS PATIÑO, y la legislación sobre inmigración en los Estados miembros de la Unión Europea. Esta misma contradicción es analizada por JOSÉ MANUEL BERMUDO en su defensa de una ciudadanía mínima universal: un resultado que viene exigido por el propio diseño normativo del constitucionalismo liberal y que, sin embargo, permanece todavía como una aspiración utópica.

Pero que el derecho a la emigración no encuentre su correspondencia con un derecho a la inmigración no tiene sólo relevancia teórica o constitucional. Tiene sobre todo implicaciones prácticas, que son las que definen el verdadero alcance del espacio de los derechos y, de modo específico, de la condición ciudadana. Su contraste con la experiencia de la inmigración deja ver tanto la continuidad de sentido entre ambas como la distancia real que las separa. La inmigración se vive como oportunidad, como aspiración a la ciudadanía. Pero es la ciudadanía la que, al fin y al cabo, constituye la auténtica oportunidad para el ejercicio de las libertades y los derechos. Por eso, como argumenta JOSÉ MARÍA ROSALES, sin una integración cívica de los inmigrantes, las comunidades receptoras se mantienen como comunidades duales, escindidas, en las que se pone en peligro la ganancia de capital social y cívico que genera la inmigración.

Sobre este trasfondo de ideas puede apreciarse la situación paradójica del proyecto de ciudadanía en la Unión Europea, como estudia FRÉDÉRIC MERTENS DE WILMARS: aunque la factura constitucional de la ciudadanía es de carácter postnacional, su obligado reconocimiento a través de la nacionalidad de los Estados miembros permite desarrollarla sólo como un tipo limitado de ciudadanía cosmopolita. Por otra parte, el trabajo de SUSANA VILLAVICENCIO nos muestra la tensión entre los mecanismos legales de la inclusión y la exclusión que opera en el desarrollo institucional de los modelos de ciudadanía. El caso argentino ilustra, con rasgos universales, el conflicto que se produce entre los intereses del mercado de trabajo, los ideales cívicos y los modelos de construcción nacional sobre los que, en realidad, se modelan las políticas de ciudadanía e inmigración.

El libro defiende una propuesta esperanzada de extensión universalista de la ciudadanía liberal a través de un replanteamiento de las políticas de inmigración en las democracias avanzadas, notablemente las europeas. Sus consecuencias a propósito de la inclusión de los inmigrantes en las comunidades receptoras se analizan en el volumen sobre tolerancia que complementa a éste. La medida, lejos de ser revolucionaria, resulta consistente con el programa normativo de la ciudadanía en las constituciones liberales. Cabría decir que es una exigencia normativa que la práctica institucional, sin embargo, ha terminado por desdibujar a expensas de su propio potencial emancipador.

Con todo, como el libro propone, las alternativas están realmente a nuestro alcance: requieren de un esfuerzo reformista de ingeniería institucional cuyo coste se vería ampliamente compensado por los beneficios de una integración coherente en los términos del constitucionalismo liberal. Los trabajos que lo componen se publican por la gentileza de la Universidad Externado de Colombia, a la cual expresamos nuestro reconocimiento, en especial al Rector, doctor FERNANDO HINESTROSA, de la misma manera que al Director del Departamento de Publicaciones, doctor ANTONIO MILLA. Desde las perspectivas jurídica, política y moral, se trata de contribuir a un debate, el de la ciudadanía y la inmigración, que se ha convertido ya en el debate de nuestro tiempo. Tenemos la convicción de que estos proyectos comunes son útiles para las comunidades europea y latinoamericana, a las que pertenecen sus autores.

LUIS VILLAR BORDA y JOSÉ MARÍA ROSALES
Bogotá y Málaga, agosto de 2004

PRIMERA PARTE

LA INMIGRACIÓN COMO DERECHO

CAPÍTULO PRIMERO
GLOBALIZACIÓN, MIGRACIÓN Y CONFLICTO

Luis Villar Borda
Profesor de Filosofía del Derecho de la
Universidad Externado de Colombia

El fenómeno del desplazamiento forzado en Colombia, que en el curso de los últimos diez años abarca a más de dos millones de personas, ha dejado de ser un problema interno para convertirse en una situación que afecta a la comunidad regional suramericana y por algunas de sus secuelas repercute incluso en otros países del Continente y transcontinentales. Este problema, que acompaña al del sacrificio de miles de vidas humanas a un ritmo de treinta mil por año, según los propios datos oficiales, la destrucción de poblaciones indefensas, la pérdida de riqueza pública y privada, y la violación constante de los derechos humanos, sitúan a nuestro país como uno de los focos más graves de conflicto en el mapa mundial. Sin duda el más grave de la América Latina. Pues si bien es cierto que en el resto de la región hay amenazas de inestabilidad institucional, especialmente por motivos económicos, sociales y fiscales originados en buena parte por modelos y políticas erróneos impuestos desde fuera por las entidades y conglomerados internacionales, y como consecuencia se producen disturbios y enfrentamientos con el poder del Estado por reclamos de las poblaciones expoliadas, ningún país alcanza los niveles de violencia y criminalidad que muestra el caso colombiano.

Los movimientos guerrilleros, las facciones de autodefensas, la fuerza pública son los actores armados del conflicto. Pero, ¿cúal es el trasfondo de esa situación, que amenaza seriamente ya no solo el Estado de derecho sino la propia integridad nacional?

En una ponencia necesariamente breve no podremos hacer un análisis pormenorizado del complejo panorama, pero en razón del tema ha de mencionarse, teniendo en cuenta que en parte es efecto colateral del conflicto.

I. ANTECEDENTES HISTÓRICOS

Colombia fue, por circunstancias culturales e históricas que no cabría traer a colación, un país en gran medida aislado a lo largo del siglo XIX, para referirnos a la etapa inicial de su vida como Estado independiente, y ese aislamiento se prolongó hasta mediados del siglo XX. Un territorio relativamente amplio (más de un millón trescientos mil kilómetros cuadrados) con una escasa población: a comienzos del siglo XX no pasaba de dos millones de habitantes y en 1938 de ocho millones; internamente comunicado de forma muy precaria, con grandes distancias entre unas y otras regiones; predominantemente agrario y políticamente dominado por una oligarquía partidista que permite decir al historiador argentino HALPERIN DONGHI que Colombia es la "república oligárquica" por excelencia[1]. La

[1] TULIO HALPERIN DONGHI. *Histoire de l'Amerique Latin*, Paris, Edit. Payot,

presencia colombiana en el exterior es prácticamente nula, si se excepcionan los países latinoamericanos y algunas metrópolis europeas, además de la nación dominante en la región, a partir sobre todo de la terminación de la Segunda Guerra Mundial, los Estados Unidos de Norteamérica.

II. Emigraciones e inmigraciones

Fuera de los casos excepcionales de dirigentes políticos desterrados en el siglo XIX y la permeabilidad de las fronteras terrestres, los colombianos no fueron un pueblo de migrantes, a tal punto que en la segunda mitad del siglo XIX sólo viajaron a Europa 580 nacionales[2]. Y si bien es cierto que el número se multiplicó hasta mediados de los años 50 del siglo XX, se trataba siempre de una cantidad limitada, perteneciente exclusivamente a la élite social y a una reducida clase media intelectual atraída por los grandes centros de cultura del mundo de entonces, como París y Londres.

Algo semejante puede decirse de la inmigración. Después de las corrientes españolas en la época colonial, no conocimos

---

1972; David Bushnell. *Colombia*, Bogotá, Edit. Planeta, 1996; Alain Touraine. *América Latina*, Madrid, Edit. Espasa-Calpe, 1989; Jaime Jaramillo Uribe. *El pensamiento colombiano en el siglo XIX*, Bogotá, Edit. Temis, 1974; Indalecio Liévano Aguirre. *Los grandes conflictos socioeconómicos de nuestra historia*, Bogotá, Edit. Colecciones Universitarias, 1968; Gerardo Molina. *Las ideas liberales en Colombia*, Bogotá, Edit. Tercer Mundo, 1977; Germán Guzmán, Eduardo Umaña Luna y Orlando Fals Borda. *La violencia en Colombia*, Bogotá, Edit. Iqueima, 1962; Helen Delpar. *Rojos contra azules*, Bogotá, Edit. Procultura, 1994, entre otros.

2 Frederic Martínez. *El nacionalismo cosmopolita*, Banco de la República, 2001, pp. 207 y ss.

tendencias masivas, como sí ocurrió con los países del Cono Sur: Argentina, Chile y Uruguay. Los núcleos de inmigrantes siempre fueron, y siguen siendo, pequeños. Predominantemente sirios y libaneses llegados al país en la época del dominio otomano en esos países, judíos perseguidos por el nazismo y, en mucha menor medida, alemanes y españoles antifacistas, conforman el cuadro de estas limitadas emigraciones, que representan una mínima proporción de la población general. Hay pequeñas colonias chinas, y por supuesto personas aisladas de otras nacionalidades. Pero una inmigración masiva no se ha producido jamás y, para qué decir, las condiciones actuales son las menos propicias para ello.

III. Comienzo de la emigración masiva. La violencia de los cincuenta

Como consecuencia de la guerra desatada contra el pueblo por los regímenes autoritarios iniciados en 1946 y la dictadura militar en que desembocaron, entre los años 1953-1957, es decir, los gobiernos de Mariano Ospina, Laureano Gómez, Roberto Urdaneta y Gustavo Rojas Pinilla, se da inicio al primer desplazamiento forzado de colombianos, especialmente de los sectores campesinos, hacia los países fronterizos. Entonces y como resultado de una investigación parlamentaria por masacres cometidas por la Guardia Nacional de Venezuela sobre ciudadanos colombianos indocumentados, labriegos o braceros contratados por hacendados del vecino país y trasladados ilegalmente de un territorio al otro, decíamos: "Ninguna manifestación más patente del fracaso del Estado colombiano y del modelo de sociedad que lo sustenta, que el éxodo de varios millones de compatriotas, trabajadores manuales e intelectuales en su generalidad en el curso de los últimos treinta años. El desplazamiento limitado, si se quiere natural, de residentes en regiones colindantes, es por supuesto un fenómeno universal, y a él no podía ser extraña Colombia [...] como tampoco es insólito el hecho de que episódicamente buscaran refugio en uno u otro país los perseguidos políticos y encontraran generoso asilo. Algo bien distinto ocurre con la marejada humana lanzada por la violencia política, primero, y la violencia social y económica, después, hacia el destierro, y obligada a expatriarse para salvar la vida de la brutalidad represiva o conseguir medios de subsistencia, así fuesen precarios y al precio de perder su nacionalidad, su dignidad, sus derechos de seres humanos, para quedar reducidos a la humillante condición de mercancías: fuerza de trabajo negociada en un oscuro tráfico en el mercado internacional"[3].

Entonces, es decir, hacia los años 70 del siglo pasado, se calculaban en tres millones los colombianos en Venezuela y en medio millón en Ecuador, los dos países de preferencia para las migraciones fronterizas.

Luego vendría otra etapa de inestabilidad y guerra, agudizada hacia finales del siglo y que es la que vivimos actualmente, sin señales visibles de una solución a corto o mediano plazo. De este fenómeno, que muestra otras características y se origina en una compleja combinación de factores, nos ocuparemos adelante.

---

[3] LUIS VILLAR BORDA, en GONZALO GUILLÉN. *Los que nunca volvieron*, Bogotá, Edit. Pluma, 1980, p. 133.

IV. MIGRACIONES Y TERCER MUNDO

El problema de las migraciones en gran escala es hoy –junto con el del hambre y estrechamente vinculado a éste– uno de los más serios que afrontan los países del Tercer Mundo. Así lo registra el Informe Brandt[4] al afirmar que "el movimiento de trabajadores a través de las fronteras nacionales ha crecido muchísimo en la última década. La migración a gran escala de la mano de obra calificada y semicalificada de profesionales, en los últimos veinte años, refleja el desequilibrio en los ingresos y las oportunidades de empleo y hasta cierto punto es secuencia de las limitaciones de flujo internacional del capital y el comercio. Los países ricos que importan trabajadores controlan el número y la calidad de la mano de obra y la duración de su estadía, por eso casi toda esa migración tiene carácter temporal. Gran parte de la demanda es estructural y proviene de industrias que no pueden retener ni atraer trabajadores nacionales, y aunque existe demanda por trabajadores más permanentes, en muchos países se considera al trabajador migrante como fuerza de trabajo temporal, lo cual crea fricciones y dificultades". Y agrega: "Gran parte de la migración se realiza bajo condiciones ilegales y abusivas. Existen traficantes, tanto en los países de origen como en los de destino, que han hecho de la migración un comercio lucrativo, y además muchas veces se emplea ilegalmente a los trabajadores en los países de inmigración en empresas que no les ofrecen seguridad social ni vivienda adecuada. Es indudable que adoptar de común acuerdo

---

4 *Informe Brandt, Norte-Sur*, Bogotá, Edit. Pluma, 1980, pp. 164 y ss.

medidas que eliminen este comercio de seres humanos, tal como lo prescriben las normas de la OIT, redundaría en el interés mutuo de todos los países". Hasta aquí el antiguo canciller alemán en 1980[5].

En un trabajo sobre la migración afirmaba el sociólogo francés JEAN BENOIT: "Mi tesis es que los trabajadores migrantes son una nueva suerte de esclavos, los esclavos de la era nuclear, porque su explotación flagrante o escondida es una variante moderna del esclavismo. La palabra parecerá fuerte a algunos –agrega: ¿calificar de esclavos a aquellos que, por su labor, han contribuido desde hace medio siglo a la industrialización de Europa no es denigrarlos, marginarlos, rebajarlos al nivel de un lumpenproletariado, de ese proletariado en harapos del cual CARLOS MARX describió la condición en el siglo XIX cuando el subempleo y el hambre producían un ejército de reserva industrial? ¿No es eso acaso aislarlos del tejido social y al tiempo, para recoger una expresión galvanizante, dividir la clase obrera? Pero, ¿qué medida común entre la clase obrera de los países desarrollados, obnubilada por su propio discurso, su división –luchas de influencia, querellas de estrategia sindical, política o electoral, competencia por el bienestar material, preocupaciones vacacionales, pleitos sobre dos o tres puntos de la jubilación y controversias sobre la calidad de la vida y la autogestión–, y esas capas sin cesar reemplazadas de trabajadores migrantes, entre los más desprotegidos e inorganizados, desposeídos de todo, hasta de su propia historia?"[6].

---

5 Ídem.

6 JEAN BENOIT. *Dossier*, Paris, Edit. Alain Moreau, 1980, pp. 15 y ss.

Pero de nuestra parte añadimos: "¿Es que alguien podría comparar la situación de los migrantes del sur y el oriente de Europa o del Medio Oriente y de Turquía hacia las grandes naciones industrializadas con el destino de los campesinos colombianos confinados por meses y años en haciendas, aislados de todo, explotados sin misericordia, con la esperanza de ganar un salario que les permita remitir un sobrante para sus familias o retornar con un ahorro, que se encuentran, al final de tan insólito contrato, despojados, expulsados, muchas veces presos y puestos en la frontera, si no vejados y muertos por las fuerzas del orden?"[7]. No. La distancia es grande. Y con ser dura y a veces espantable la situación descrita por BENOIT y sus colegas en la obra *Dossier negro de la inmigración*, no podría compararse en gravedad con la que mencionamos sobre migraciones de labriegos colombianos.

V. CLASES DE INMIGRACIÓN

Los especialistas distinguen tres clases de inmigración: la inmigración por vecindad, la inmigración demográfica y la inmigración económica.

Si las dos primeras han influido en el caso colombiano, la última es la determinante, y a ella tendríamos que agregar otra causa: las condiciones políticas. Fue el caso típico de los europeos asediados por el nazismo y el fascismo, entre ellos la enorme masa de españoles republicanos obligados a migrar en las postrimerías de la guerra civil. Es oportuno decir que los que llegaron a Hispanoamérica contribuyeron

---

7 VILLAR BORDA. Ob. cit., p. 19.

extraordinariamente al progreso cultural de la región, con aportes especialmente importantes en México, Argentina, Venezuela y Colombia.

Tampoco sería justo dejar de anotar que a partir de esas denuncias hechas en 1982 y la presión tanto de venezolanos como de colombianos, la situación con Venezuela ha tendido a normalizarse, por lo menos en cuanto a la protección de la vida y los más elementales derechos de los migrantes, mediante acuerdos entre los dos países que han buscado soluciones para reglamentar y regularizar el problema. Lo cual no significa que se hayan eliminado por completo los abusos.

El problema de la inmigración adquiere en Colombia otras características en los últimos años y actualmente todas las señales indican una agudización del mismo. Entraremos a resumirlo.

IV. Las inmigración presente

La situación del país y con ella la de las tendencias emigratorias se ha agudizado dramáticamente, como es sabido, en el curso de los últimos cinco años. Datos conservadores de la Organización Mundial de Migraciones indican que en los últimos cinco años han migrado por razones económicas o de inseguridad personal y familiar más de un millón de personas. Esto sin hablar del desplazamiento interno más reciente que, también según datos oficiales, cobija dos millones de personas.

En un pormenorizado estudio colectivo sobre el tema de las migraciones internas se afirma: "El gigantesco problema de los desplazados y la reestructuración violenta del territorio nacional es de una gran complejidad. Sin embargo, necesitamos entenderlo a muy corto plazo ya que la solución no da espera y para obtenerla debemos saber cómo enfrentar un fenómeno tan complejo"[8].

Los desplazamientos[9] se producen principalmente en zonas de violencia, esto es, de enfrentamiento de los diversos grupos armados (FARC, ELN, AUC) con el Ejército nacional o de luchas entre una o varias formaciones guerrilleras y las llamadas autodefensas o paramilitares. Donde mayor desplazamiento se produce es en el teatro de enfrentamientos entre guerrillas y paramilitares, bien sea por la supuesta necesidad militar de "despejar" el terreno o por simpatías o connivencias también supuestas de la población civil con uno u otro grupo. El campesino se encuentra entre dos fuegos, aun sin tomar ningún partido es víctima de la confrontación. Las operaciones del Ejercito contra la guerrilla o los paramilitares originan también desplazamientos. Además del factor propiamente de la guerra, está el de los intereses económicos que se hallan detrás de esos desplazamientos, en especial el de los narcotraficantes,

---

8 FERNANDO CUBIDES y CAMILO DOMÍNGUEZ (eds.). *Desplazados, migraciones internas y estructuraciones territoriales*, Bogotá, Universidad Nacional y Ministerio del Interior, 1999, p. 175.

9 "La mera voz 'dezplazados' denuncia la tentativa de ocultar una de las historias más dramáticas y sangrientas de nuestro tiempo. La verdad es que la gente no se desplaza: la destierran, la expulsan, la obligan a huir y a esconderse. Otro manido recurso para escamotear el hecho es verlo como si se tratara del resultado de los enfrentamientos entre dos actores recientes de la violencia: guerrilla y paramilitares. Se olvida que la expulsión de pueblos y de ciudadanos es un antiguo recurso del sistema y que, al situar el origen del problema en los grupos armados ilegales, se exculpa al régimen y, en particular, a las Fuerzas Armadas de toda responsabilidad" (Informe PNUD, Bogotá, 2001).

con el propósito de reconstituir el latifundio allí donde se había logrado eliminar, sustituir a los antigüos latifundistas donde todavía subsistiera ese régimen de propiedad territorial, o conquistar regiones de colonización.

En este problema, como en la potencialización general de la guerra, la corrupción, el deterioro institucional, la degradación del conflicto, el tráfico de estupefacientes ha jugado un papel primordial. De ahí que lograr una solución racional de este problema, que no puede consistir en el arrasamiento de las parcelas de los pequeños cultivadores campesinos, sino en una acción combinada de orden internacional que lleve a la disminución de la demanda por parte de los países desarrollados y la persecución a la introducción de productos químicos indispensables para la elaboración de los narcóticos, es imprescindible por lo menos como medidas transitorias, mientras se encuentra una solución radical al problema, por ejemplo, la propuesta de legalización formulada en medios científicos e intelectuales de los propios países consumidores, pero que debe ser tratado en un foro distinto; si lo menciono es por la directa incidencia que tiene en la actual situación colombiana.

No es una simple casualidad que el conflicto armado ha mostrado hasta ahora su mayor intensidad en zonas de colonización y en extensos territorios escasamente poblados, donde los cultivos ilícitos se han convertido en el principal medio de subsistencia. Por supuesto que la guerra está en un proceso de escalamiento permanente, y ya no solo regiones rurales sino también los sectores urbanos, incluso la propia capital de la república, Bogotá, sienten sus efectos en forma de actos terroristas como el realizado el 7 de agosto de 2002 en el momento de la posesión del nuevo presidente ÁLVARO

URIBE, dirigido contra el Congreso y el palacio presidencial, que se frustró en sus objetivos, pero dejó un saldo de 21 muertos y numerosos heridos en una zona de indigentes cercana a esos edificios.

VII. Causas de la emigración

Los desplazamientos han traído como consecuencia un desproporcionado crecimiento urbano, con las secuelas de aumento en el desempleo, de las ciudades, aglomeraciones de pobreza, problemas de servicios, criminalidad, etc. La tendencia a la ciudad gigante o megalópolis no es nueva en América Latina y en general en el Tercer Mundo, pero se acrecienta vertiginosamente por la presión demográfica del campesinado desterrado de sus municipios y reducido a condiciones de miseria por la pérdida de sus tierras bienes domésticos, oficios, etc. Baste decir que la ciudad de Bogotá, que en 1936 tenía, según el censo oficial, 350.000 habitantes, tiene hoy cerca de ocho millones. Anualmente entran a la ciudad entre ciento cincuenta y doscientos mil desplazados nuevos, en busca de refugio y subsistencia.

El desempleo, también según datos oficiales, llega al 16% (los datos extraoficiales lo colocan en el 20%) y el subempleo al 35%, o sea el 51% de la población laboral del país[10].

Lo anterior explica el hecho de que amplias capas de las clases medias y aun de la clase obrera más o menos calificada busquen la salida en el exterior, en una migración cualitativamente distinta a la que se describió inicialmente,

---

[10] *El Tiempo*, Bogotá, 19 de agosto de 2002.

esto es, la de los años 50 del siglo pasado. La composición social de la nueva migración es distinta: profesionales, en algunos casos con elevadas especializaciones, desempleados urbanos en búsqueda de trabajo y ascenso social, trabajadores de zonas de violencia y jóvenes egresados que no ven un futuro claro en su propio país.

Sin duda se mezclan aquí la necesidad, en muchos casos la urgencia por situaciones de vida o muerte, las presiones económicas y, de otro lado, la quimera, que para muy pocos se vuelve realidad de encontrar "dorados" y posibilidades de enriquecimiento y ascenso rápido en Europa o Estados Unidos.

Buena parte de estos últimos, que en ocasiones abandonan posiciones y liquidan sus bienes para hacer el traslado, regresan después de penosas experiencias, viéndose rebajados a los más bajos estratos, muchas veces sin empleo ni perspectivas de vida.

El grupo de los profesionales de altas especializaciones: médicos, físicos, ingenieros electrónicos e informáticos, químicos, son rápidamente captados en el exterior con el consiguiente empobrecimiento ténico y científico para el país que ha invertido notables sumas de dinero y esfuerzos para su educación. Se contribuye así a ahondar la brecha entre el Norte y el Sur. Esta emigración "exitosa", resulta también un desastre para Colombia.

VIII. Las políticas migratorias

A pesar de los intentos hechos en algunas administraciones, por ejemplo en la década de los 60 del siglo pasado con el establecimiento de un Instituto de Colonización e Inmigración, lo cierto es que la política migratoria colombiana ha sido un fracaso[11]. En lo que se refiere a la inmigración, que contaba con factores favorables por la extensión del territorio despoblado, ya hemos visto que en el siglo XIX hubo un reflejo antimigratorio. Dos favorables coyunturas para la inmigración de cuadros calificados, profesores y científicos, la de los primeros tiempos de la posguerra mundial y la de la etapa siguiente a la caída de los gobiernos comunistas de Europa Oriental, no fueron aprovechadas, como sí lo hizo Estados Unidos. Indudablemente este fue uno de los factores del crecimiento formidable de la gran nación del norte. No es aquí el lugar para analizar los factores culturales que gravitaron en la incapacidad colombiana para implementar una adecuada política inmigratoria, pero no pueden dejar de mencionarse, entre ellos, prejuicios religiosos, étnicos y nacionales. Lo cierto es que, a pesar de algunos intentos en los años 30 y 50 del siglo pasado, nunca ha habido una política coherente de inmigración ni una legislación adecuada al respecto.

En una publicación de la Organización Internacional para las Migraciones (OIM) se dice: "En síntesis, aunque se formularon

---

[11] Colombia ha dictado disposiciones sobre migraciones, pero no ha desarrollado con éxito las políticas propuestas. Citamos entre otras: Ley 103 del 23 de noviembre de 1927, adicional y reformatoria de la Ley 48 de 1920 sobre Inmigración y Extranjería, y de la Ley 144 de 1922 sobre Inmigración y Colonias Agrícolas; Ley 114 de diciembre de 1922, sobre Inmigración y Colonias Agrícolas; Ley 48 del 3 de noviembre de 1920, sobre Inmigración y Extranjería; Decreto 2268 del 22 de diciembre de 1995, sobre Disposiciones sobre Expedición de Visas, Control de Extranjeros y Disposiciones en Materia de Migración; Decreto 1374 del 25 de julio de 1958 por el cual se reglamenta la contribución de personas jurídicas y naturales para la traída de inmigrantes a Colombia.

numerosas iniciativas para estimular la inmigración extranjera, muchas de ellas fundadas en la consideración de que la etnia blanca, europea, cristiana y 'civilizada' podía contribuir a variar las proporciones del mestizaje, es lo cierto que, como lo han afirmado los historiadores, Colombia no era lo suficientemente atractiva para los posibles migrantes, por razones tales como la inestabilidad política, el carácter tropical y poco salubre de las tierras ofrecidas y, en general, la ausencia de perspectivas de éxito económico. Debido a ello, la inmigración sólo tuvo operancia en casos muy particulares, compo fue el de los técnicos que desde 1920 se incorporaron a las minas de Marmato y Supía en Antioquia, o se redujo a aquellas personas que llegaron a los principales centros urbanos para adelantar actividades"[12].

Hoy no tiene sentido hablar de inmigración en un país en las condiciones en que se encuentra el nuestro. El problema, pues, es el de la emigración, o sea el otro extremo del problema europeo.

¿Cómo podría contribuir Europa a solucionar esta situación, de paso contribuyendo a solucionar sus propios problemas en esta materia? Hasta ahora solo se piensa en legislaciones restrictivas, pero no se complementan colaborando a que las condiciones de estabilidad y desarrollo de las naciones pobres desestimulen la atracción hacia los grandes centros de poder y riqueza.

En palabras del iusfilósofo alemán Hasso Hofmann: "hay que considerar que desde hace mucho tiempo el problema de la distribución tiene una dimensión internacional [...] El

[12] Organización Internacional para las Migraciones, 27 de junio 1991.

problema de la distribución justa de bienes se plantea hoy globalmente y muestra en el desnivel Norte-Sur su más agudo perfil. Con una teoría universal de la justicia distributiva, ciertamente no se ha conseguido su aproximación. Estímulo al Estado de derecho y la democracia en todas partes del mundo, por parte de los Estados desarrollados y las organizaciones supranacionales, así como un poco más de equidad en el intercambio del comercio internacional, son los mejores postulados"[13]. Para lograr ese equilibrio "no se necesita que caiga del cielo ningún rey filósofo, ni se requiere que los necios se vuelvan sabios", para utilizar la frase del también iusfilósofo ARTHUR BAUMGARTEN[14].

IX. EL ASPECTO INSTITUCIONAL Y LEGAL

La dimensión del problema colombiano, tanto en lo que toca con los desplazamientos internos de población como con la emigración, puede decirse que ha tomado inerme al Estado, tanto desde el punto de vista legal como institucional. Falta de voluntad política, menosprecio del problema, dificultades fiscales, inexperiencia, todo esto conjugado ha conducido a que tanto el desplazamiento interno como la estampida al exterior se produzcan de manera caótica, sin posibilidades de ser a lo menos canalizados y regulados.

Existen disposiciones e instituciones; pero, como se afirma en una investigación de la Procuraduría General de la Nación,

---

[13] Cfr. HASSO HOFMANN. *Filosofía del derecho y el Estado*, Bogotá, Universidad Externado de Colombia, 2002, p. 264.

[14] ARTHUR BAUMGARTEN. *Der Weg des Menschen - Eine Philosophie der Moral und des Rechts*, Tübingen, I. C. B. Mohr (Paul Siebeck), 1933.

Delegada para la Defensa del Menor y de la Familia, en 1999: "Ayudados por la no resolución y/o resolución parcial de dificultades socio-políticas presentes y pasadas, los mecanismos legales que se han venido diseñando con el propósito de aliviar la condición de quienes padecen los efectos del desplazamiento forzado no han estado a la altura de las necesidades. Las instituciones estatales, privadas y civiles han demostrado, en ciertos casos, su falta de operatividad, de compromiso, o su insuficiente cobertura frente a la creciente y preocupante dimensión del problema. La labor de las entidades se ha enfocado principalmente en torno a la intervención, menospreciando la prevención, si consideramos que el 50% de las masacres ocurridas en 1998 fueron anunciadas sin que se llevara a cabo ninguna acción al respecto (Defensoría del Pueblo, 1998). La alerta temprana, que hace referencia al conjunto de actividades que pueden desarrollarse en torno a una población en riesgo de ser desplazada, es un concepto poco explorado en Colombia. Los principios Deng[15], en su artículo sexto, señalan la necesidad de que el Estado ampare al individuo contra los desplazamientos arbitrarios que son generados a raíz del conflicto interno. Desde la perspectiva de la Ley 387 de 1997, artículo 14, se apunta hacia el fortalecimiento comunitario, 'a la acción de la fuerza pública contra los factores de la perturbación', la difusión de los derechos humanos y la asesoría a las autoridades departamentales y municipales, intervención que pocas veces se desarrolla". Esto que decía el Ministerio Público en 1999 no puede decirse que haya cambiado en sentido po-

[15] Elaborados por FRANCIS DENG, Representante del Secretario General de las Naciones Unidas para el Deplazamiento Interno.

sitivo, pues precisamente la mayor ola de desplazamientos internos y migraciones externas se ha producido en el curso de los últimos tres años[16].

Si hemos presentado simultáneamente el tema de los desplazamientos y el de la migración es para llamar la atención sobre la influencia que el primero ejerce sobre el segundo, auncuando no se nos oculta que se trata de dos fenómenos distintos y referidos a capas de la población y motivos que no siempre coinciden.

De otra parte, somos también concientes de que primordialmente corresponde a los colombianos la resolución de sus problemas, lo cual demandará acuerdos que consigan restablecer la paz y la convivencia civilizada en el país y, simultáneamente, profundas reformas estructurales, en particular en lo que se refiere a la tenencia de la tierra, el desempleo, la pobreza, dentro del marco de políticas de desarrollo económico y respeto a los principios democráticos. Pero tampoco se oculta a nadie que, dada la profundidad de la crisis y el carácter global de la economía en el mundo actual, el papel de la comunidad internacional es esencial para el logro de esas finalidades.

X. LAS SOLUCIONES

La solución del problema de desplazamiento y del problema migratorio pasan en Colombia por la solución del conflicto armado y la construcción de un Estado democrático y social, que no se limite a proclamar, como lo ha hecho hasta ahora nuestra Constitución, toda clase de derechos, sino que

---

[16] *Raíces sin tierra*, Bogotá, Procuraduía General de la Nación, Delegada para la Defensa del Menor y la Familia, 1999, p. 35.

impulse programas y políticas que permitan dar contenido material a los propósitos constitucionales.

Solo en un Estado democrático semejante el individuo podrá sentirse ciudadano pleno, sin verse obligado a buscar como salida la expatriación, lo cual no se opone a la libre determinación de cada ser humano de residir y desarrollar su existencia en lugares diferentes a los de su nacimiento. Lo esencial es que ello no esté determinado por la urgencia de preservar la vida o por falta de condiciones económicas y laborales favorables.

No sobra indicar que los convenios internacionales garantizan estos derechos, a partir de la Declaración Universal de Derechos Humanos que en su artículo 13.1 establece: "Toda persona tiene derecho a circular libremente y a elegir su residencia en el territorio de un Estado"[17]. Lo que se complementa en la misma disposición en su aparte e, así: "Toda persona tiene derecho a salir de cualquier país, incluso del propio, y a regresar a su país"[18]. Hay una distancia abismal entre el ejercicio de estos derechos y el tener que abandonar su residencia y buscar refugio o asilo dentro de su país o fuera de él por motivos de violencia física o necesidad de supervivencia.

XI. Migración y justicia

Según el filósofo norteamerico John Rawls, "la justicia es la primera virtud de las instituciones sociales"[19]. Cualquiera que sea

---

17 Declaración Universal de Derechos Humanos, Nueva York, 10 de diciembre de 1948, art. 13.1.

18 Ibíd., art. 13.2.

19 John Rawls. *Teoría de la justicia*, México, Fondo de Cultura Económica, 1979, p. 19.

la definición sobre la naturaleza de la justicia, idea imposible de expresarse en "una definición exacta y concluyente"[20], resulta difícil no adherir a la afirmación de RAWLS: en cuanto a las instituciones, y en primer término al Estado, si se trata de una democracia, ha de exigirse la equidad. El fundamento de la justicia es la igualdad, principio puramente formal en la medida en que no reciba contenido por parte de las decisiones políticas. De allí la necesidad de que las instituciones, especialmente si se trata de justicia social, se inspiren en esa virtud.

El problema de los desplazamientos y las migraciones está estrechamente ligado a la concepción iusfilosófica que se tenga sobre la justicia social. Pero en estos casos no solo sobre la justicia en el sentido particular de una nación, sino en el más amplio de la justicia global.

Es una interesante diferenciación establecida por AMARTYA SEN[21], al mostrar cómo existe una esencial diferencia entre justicia social internacional y justicia social global. Esto es de interés para el tema que estamos tratando.

La primera, o sea la justicia internacional, se refiere a las relaciones entre los Estados o entre estos y los organismos internacionales formados por ellos, cuyo ejemplo más notable es el de la Organización de Naciones Unidas. El derecho internacional regula esas relaciones y las obligaciones que de ellas se derivan, como reflejo de las propias concepciones de justicia predominantes en los Estados miembros.

---

20 ARTHUR KAUFMANN. *Filosofía del derecho*, Bogotá, Universidad Externado de Colombia, 1999, p. 221.

21 AMARTYA SEN. "Globale Gerechtigkeit. Jenseits internationaler Gleichberechtigung", en *Philosophie der Gerechtigkeit*, Frankfurt am Main, Suhrkamp, 2002, pp. 466 y ss.

¿Cómo debemos nosotros considerar los roles de los nexos directos, que traspasan las fronteras, cuyas identidades, entre otras, contienen formas de solidaridad, que no se basan en unidades nacionales, sino más bien en pertenencias que son determinadas por la clase, el género o convicciones tanto políticas como sociales? ¿Cómo debemos tener en cuenta identidades profesionales (por ej., la de ser médico o pedagogo) y las obligaciones transnacionales que de allí resulten? Esos intereses, responsabilidades, obligaciones transnacionales que de allí resulten no pueden depender de identidades nacionales o de relaciones internacionales, sino que pueden eventualmente también estar atravesando las relaciones internacionales. Incluso la identidad como "ser humano", que quizás describe nuestra identidad fundamental, puede, si ella es aprehendida por completo, ampliar nuestro horizonte; y las exigencias que nosotros vinculamos a nuestra humanidad podrían probablemente no ser transmitidas por nuestra pertenencia a colectivos como, por ejemplo, "naciones" o "pueblos"[22].

Esto lleva a SEN a pensar que se necesita otra concepción de la justicia global, no tan "irreal como el gran universalismo, que parte de una situación original que cobijaría al mundo entero", pero que tampoco sea una "concepto tan aislacionista y unidemensional como el del particularismo nacional (complementado por las relaciones internacionales)"[23].

Se amplía así el concepto de justicia global a una vinculación plural, que permite ejercer la equidad de diferentes grupos

---

[22] Ibíd., p. 472.
[23] Ibíd., pp. 472 y 473.

y no solo de la nación, aunque sin duda también de ésta. No se trata de disminuir las responsabilidades y obligaciones del Estado y de los organismos internacionales, sino de cobijar más actores: "Para una comprensión adecuada de la justicia global (y además del papel de 'bienes públicos globales' o acaso del 'manejo del presupuesto global') es de enorme importancia tener en cuenta la multiplicidad de órganos y los motivos y modelos de sus respectivas operaciones"[24].

Para enfrentar el problema interno de los desplazamientos y el externo de las migraciones, el empleo de este concepto de justicia global será ciertamente de gran utilidad.

Explorar este tema me parece una tarea relevante para filósofos y juristas. El problema es mundial, y si me he permito presentar un caso entre los que muestra la realidad actual es en virtud de ser el que más directamente conozco, con afinidades y desemejanzas con respecto a los que ofrecen otros países y continentes.

En un artículo sobre "La globalización y los derechos fundamentales de los inmigrantes"[25], señala el constitucionalista BERNAL PULIDO, que entre los diversos fenómenos producidos por la globalización, en lo que se refiere a las relaciones entre la comunidad y el individuo, deberán indicarse: la pérdida de poder del Estado, por su "debilitamiento hacia el interior y el exterior, para permitir el fortalecimiento de los intercambios y las comunicaciones transnacionales"; el empobrecimiento "de la mayoría de las sociedades del planeta"; y la migración que trae aparejada la paradoja de ser efecto de las políticas

---

[24] Ibíd., p. 474.

[25] CARLOS BERNAL PULIDO. "La globalización y los derechos fundamentales de los inmigrantes", en este mismo volumen.

globalizadoras, pero enfrentarse a las restricciones y barreras para el ingreso a los países industriales.

Lo anterior hace pensar con nostalgia en el contraste entre las propuestas kantianas de una ciudadanía cosmopolita y una auténtica federación de pueblos, ideales del liberalismo político, y las fatales consecuencias de una estrecha concepción del liberalismo económico, enmascarado en el neoliberalismo y las aperturas globalizadoras de una sola vía.

El problema de las migraciones legales e ilegales se vincula necesariamente con la idea de una globalización que tiene en cuenta el capital, pero olvida a los seres humanos.

CAPÍTULO SEGUNDO
LA GLOBALIZACIÓN Y LOS DERECHOS FUNDAMENTALES DE LOS INMIGRANTES

CARLOS BERNAL PULIDO*
Profesor de la Universidad Externado de Colombia

INTRODUCCIÓN

Los derechos fundamentales constituyen uno de los principales ejes de la relación entre el individuo y la comunidad política. Desde su invención como categoría jurídica, han desempeñado la función de limitar las intervenciones del poder del Estado en la libertad privada, fundamentar subjetivamente el ejercicio de la participación democrática e igualar las posiciones de las personas en el ámbito público[1]. A esto se aúna que, tras el advenimiento del Estado social, estos derechos también han asumido el papel de garantizar la provisión de un mínimo existencial y de promover la igualdad fáctica. En razón de los derechos fundamentales, el individuo se erige dentro de la comunidad y frente a ella como un

* El autor agradece a JOSÉ MARÍA ROSALES sus comentarios a una versión anterior de este trabajo.

1 M. STOLLEIS. *Geschichte des öffentlichen Rechts in Deutschland*, t. II, München, Beck, 1992, pp. 114 y ss.

sujeto libre, autónomo, capaz de determinarse en lo público y lo privado, y titular de ciertos intereses y necesidades, cuya protección y satisfacción fundamenta la propia existencia del ámbito social. Correlativamente, para la comunidad política, los derechos fundamentales son a la vez su motor y su freno, su razón originaria, la base de su acción y el límite que impide las actuaciones abusivas y desproporcionadas.

Cabe observar que esta relación entre el individuo y la comunidad política aparece ya en el plano moral y desde allí se proyecta hacia el ámbito jurídico. Los derechos fundamentales no son nada distinto a una institucionalización de los derechos humanos en el Estado constitucional democrático[2]. En las diversas concepciones morales del sujeto –la liberal[3], la democrática[4] o la del Estado social[5]– el individuo aparece ya

---

[2] R. ALEXY. "Die Institutionalisierung der Menschenrechte im demokratischen Verfassungsstaat", en S. GOSEFAN y y S. LOHMANN (eds.). *Philosophie der Menschenrechte,* Frankfurt, Suhrkamp, 1999, pp. 246 y ss.; en el mismo sentido: F. I. MICHELMAN. "Brauchen Menschenrechte eine demokratische Legitimation?", en H. BRUNKHORST, W. KÖHLER y M. LUTZ-BACHMANN (eds.). *Recht auf Menschenrechte,* Frankfurt, Suhrkamp, 1999, p. 53, y J. HABERMAS. "Die interkulturelle Diskurs über Menschenrechte", en ibíd., p. 216. Es pertinente reconocer que también existen autores que niegan rotundamente la posibilidad de que existan derechos morales. Sobre esta controversia: G. LOHMANN. "Menschenrechte zwischen Moral und Recht", en GOSEFAN y LOHMANN (eds.). Ob. cit., pp. 62 y ss.

[3] Sobre el concepto liberal de persona: J. RAWLS. *El liberalismo político,* A. DOMÉNECH (trad.), Barcelona, Edit. Grijalbo-Mondadori, 1996, pp. 49 y 338.

[4] Sobre el concepto democrático de persona: K. GÜNTHER. "Welche Personenbegriff braucht die Diskurstheorie des Rechts? Überlegungen zum internen Zusammenhang zwischen deliberativer Person, Staatsbürger und Rechtsperson", en H. BRUNKHORST y P. NIESEN (eds.). *Das Recht der Republik,* Frankfurt, Suhrkamp, 1999, pp. 83 y ss.

[5] Sobre el concepto de persona en el Estado social, como titular de cier-

investido con diversas atribuciones que le son inherentes e indispensables para su desarrollo vital y que, por tanto, son dignas de reconocimiento y protección por parte de la comunidad política. El concepto de derechos humanos sintetiza esta protección en el plano moral y los derechos fundamentales la institucionalizan en el derecho del Estado constitucional democrático. A su vez, y como consecuencia de lo anterior, la universalidad, validez moral, fundamentalidad, prioridad y abstracción, característica de los derechos humanos[6], se refleja en el Estado constitucional en las propiedades básicas de los derechos fundamentales: su atribución por igual a todos los miembros de la comunidad política, su validez jurídica, su supremacía constitucional, su prioridad *prima facie* frente a otros bienes constitucionales y su indeterminación.

Ahora bien, esta institucionalización de los derechos humanos en el Estado constitucional democrático lleva aparejada una delimitación de su contenido desde el punto de vista material, subjetivo, espacial y temporal. El contenido de los derechos fundamentales se proyecta únicamente en el ámbito material, subjetivo, espacial y temporal del Estado, en el que rigen las normas constitucionales que los establecen[7]. De este modo, los derechos fundamentales expanden su fuerza

---

tas necesidades básicas: E. TUGENDHAT. *Lecciones de ética*, Barcelona, Edit. Gedisa, 1997, pp. 325 y ss.

6 Sobre estas propiedades: ALEXY. "Die Institutionalisierung der Menschenrechte im demokratischen Verfassungsstaat", cit., pp. 246 y ss.

7 Sobre estos ámbitos: G. JELLINEK. *Teoría general del Estado*, Granada, Edit. Comares, 2000, pp. 385 y ss.; H. KELSEN. *Teoría general del derecho y del Estado*, México, Universidad Nacional Autónoma de México, 1995, pp. 49 y ss., 246 y ss.

vinculante sólo frente a las normas producidas por los cauces del derecho del Estado, imperan dentro del territorio en que este último es soberano, durante el lapso de vigencia de la Constitución, y vinculan únicamente a los sujetos del ordenamiento jurídico estatal.

Aquí solamente debe importar el aspecto relativo a los sujetos de los derechos fundamentales. Es bien sabido que estos derechos relacionan entre sí a dos tipos de sujetos: los titulares y los destinatarios. Es más, estos derechos se definen como la relación en la que el titular de un derecho puede exigir del destinatario un comportamiento ordenado por la Constitución[8]. El aspecto subjetivo es uno de aquellos en donde más se hace evidente que, en su concepción tradicional, los derechos fundamentales son correlativos al entendimiento del Estado como referente exclusivo de la comunidad política, dentro del cual el individuo ejerce las dos facetas más importantes de su libertad: libertad como autonomía privada y libertad como autonomía pública[9].

De este modo, el titular por antonomasia de los derechos fundamentales es el ciudadano, un individuo dotado a la vez de libertades individuales, libertades políticas y necesidades básicas dignas de tutela pública, que son respectivamente garantizadas por los derechos fundamentales de defensa, los derechos democráticos y los derechos prestacionales. Por su

---

[8] Sobre esta definición: R. ALEXY. *El concepto y la validez del derecho*, Barcelona, Edit. Gedisa, 1994, pp. 182 y 183.

[9] Sobre estas dos dimensiones de la libertad en el Estado constitucional democrático: C. STARCK. "Grundrechtliche und demokratische Freiheitsidee", en *Der demokratische Verfassungsstaat*, Tübingen, Mohr, 1995, pp. 161 y ss.

parte, el Estado es por excelencia el destinatario de los derechos fundamentales. Es el sujeto que debe garantizar el disfrute de todos los derechos individuales y, a la vez, abstenerse de vulnerarlos.

En este esquema, el ciudadano aparece como la piedra angular de la comunidad política, que él mismo construye mediante el ejercicio de sus derechos democráticos y de la que, paralelamente, espera recibir el respeto de su libertad negativa –como la libertad de hacer lo que desee sin intervenciones externas[10]– y la protección de sus bienes más preciados. Mediante los derechos de defensa, el ciudadano impide la intromisión del Estado en el núcleo de su libertad, y mediante los derechos democráticos, coordina sus esfuerzos con los demás ciudadanos para obtener la consecución de los fines sociales prioritarios y la satisfacción de sus necesidades básicas.

Lleva razón José María Rosales cuando afirma que en este esquema del Estado constitucional democrático "la ciudadanía define el modo de pertenencia de los individuos a la comunidad política" y, al mismo tiempo[11], se convierte en la clave de acceso a los derechos civiles o de libertad y a los derechos de participación en la actividad del Estado y de bienestar económico y social[12]. Sólo el ciudadano es quien disfruta con toda plenitud de los derechos fundamentales

---

[10] Sobre este concepto de libertad: I. Berlin. "Dos conceptos de libertad", en *Cuatro ensayos sobre la libertad*, Madrid, Alianza, 1996, pp. 187 y ss.

[11] J. M. Rosales. *Patriotismo, nacionalismo y ciudadanía: en defensa de un cosmopolitismo cívico*, Bogotá, Universidad Externado de Colombia, 1997, pp. 21 y 41.

[12] Ibíd., p. 43.

liberales, democráticos y prestacionales[13]. Como quiera que la protección de los derechos implica un alto costo, ésta no puede extenderse a todos los individuos. La ciudadanía es el criterio –internamente inclusivo y externamente exclusivo[14]– mediante el cual se delimita el grupo de titulares de los derechos de cuyo goce el Estado es responsable directo. Los extranjeros únicamente disfrutan de una parte de estos derechos, cuya amplitud dependerá además de la situación de regularidad o irregularidad en que se encuentren dentro del Estado.

Así, por ejemplo, la jurisprudencia constitucional española ha establecido lo siguiente en relación con los extranjeros que se encuentran en situación de regularidad: "Existen derechos que corresponden por igual a españoles y extranjeros y cuya regulación ha de ser igual para ambos; existen derechos que no pertenecen en modo alguno a los extranjeros (los reconocidos en el art. 23 de la Constitución, según dispone el art. 13.2 con la salvedad que contiene) [es decir, los derechos políticos]; [y] existen otros que pertenecerán o no a los extranjeros según lo dispongan los tratados y las leyes, siendo entonces admisible la diferencia de trato con los españoles en cuanto a su ejercicio"[15]. Paralelamente, la Ley

---

13 Sobre el concepto y las diferencias entre estas clases de derechos, C. BERNAL PULIDO. *El principio de proporcionalidad y los derechos fundamentales*, Madrid, Centro de Estudios Políticos y Constitucionales, 2003, cap. III.

14 Sobre esta característica de la ciudadanía: R. BRUBAKER. *Citizenship and Nationhood in France and Germany*, Cambridge, Mass., Harvard University Press, 1992, cap. I.

15 STC 107/1984, f. j. 4.º Cfr. un agudo análisis de estos grupos de derechos en P. CRUZ VILLALÓN. "Dos cuestiones de titularidad de derechos: los extranjeros, las personas jurídicas", en *La curiosidad del jurista persa, y otros*

Orgánica 8 de 2000, que reformó la Ley Orgánica 4.ª del mismo año, sobre derechos y libertades de los extranjeros en España y su integración social, distingue entre los extranjeros regulares e irregulares, y sólo a los primeros reconoce los derechos de reunión (art. 6.º), asociación (art. 8.º), sindicación y huelga (art. 11), vivienda (art. 13) y seguridad social (art. 14) (a excepción de los servicios y prestaciones sociales básicas).

Este esquema de relaciones entre el individuo y la comunidad política, y de diferencias entre los ciudadanos y los extranjeros, en cuanto a la titularidad de los derechos fundamentales suscita interesantes preguntas cuando se es consciente de las transformaciones que la globalización ha introducido en el mapa del mundo actual y de los vínculos entre el particular y lo colectivo. El esquema planteado se basa en la visión clásica de la soberanía estatal, en la que se considera que la mejor manera de proteger los derechos humanos, la más legítima y eficaz, es mediante su institucionalización como derechos fundamentales oponibles por cada ciudadano a su propio Estado. Se entiende que se llega a la mejor forma de garantizar el respeto de los bienes y capacidades básicas del individuo, junto a la paz y la armonía internacional, cuando el Estado ejerce su soberanía sobre sus ciudadanos y cuando se respeta el principio de independencia de los Estados y de no intervención entre ellos[16].

---

estudios sobre la Constitución, Madrid, Centro de Estudios Políticos y Constitucionales, 1999, pp. 197 y ss.

16 P. KOLLER. "Die Internationalisierung der Menschenrechte und die Grenzen staatlicher Souveranität", en BRUNKHORST, KÖHLER y LUTZ-BACHMANN (eds.). *Recht auf Menschenrechte*, cit., p. 231.

Debe reconocerse que este esquema ciertamente se basa en un argumento en principio plausible: el fundamento democrático de los derechos humanos[17]. Si el ámbito estatal es aquél en donde por excelencia se ejerce la democracia, es entonces en el marco del Estado en donde deben protegerse los derechos humanos, y no en el contexto internacional ni en el dominio de otros Estados. La protección en el ámbito internacional debe reducirse a los casos en que el propio Estado sea quien vulnere los derechos y cuando su protección no se haya conseguido mediante los procedimientos internos. A este argumento se suma la idea de que la forma y el grado de cumplimiento de los derechos humanos debe depender siempre de las circunstancias fácticas y sociales. Estas circunstancias varían en uno y otro lado del planeta, y el ámbito estatal constituye un marco apropiado para determinarlas y para decidir cuál es la manera más pertinente para proteger los derechos humanos de acuerdo con ellas[18].

La pregunta es, no obstante, si este esquema de protección de los derechos humanos mediante su institucionalización como derechos fundamentales del ciudadano puede funcionar adecuadamente en un mundo como el actual, en el que los límites entre las sociedades se han difuminado como consecuencia de la globalización y de los actuales procesos migratorios[19], que en gran medida son también producto de

---

[17] Sobre este argumento: MICHELMAN. "Brauchen Menschenrechte eine demokratische Legitimation?", cit., pp. 52 y ss. También, en el mismo volumen, HABERMAS. "Der interkulturelle Diskurs", cit., p. 216.

[18] MICHELMAN. Ob. cit., p. 62.

[19] También en este sentido parece argumentar P. KOLLER. "Der Geltungsbereich der Menschenrechte", en GOSEPATH y LOHMANN (eds.). *Philosophie der Menschenrechte,* cit., pp. 101 y 102.

la pobreza que estos procesos económicos a escala mundial han engendrado. En otros términos, se trata de saber si en estas condiciones actuales el esquema de relaciones entre el individuo y la comunidad política basado en el concepto de ciudadanía, aunado a las restricciones para migrar a otros Estados diferentes del propio y para adquirir en ellos el *status* de ciudadano, consigue ser un esquema apropiado para proteger las facultades básicas de la persona, finalidad última de toda comunidad política.

Para intentar responder a este interrogante, dividiré mis consideraciones en tres partes. En la primera enunciaré las facultades básicas de la persona que constituyen el fundamento y la finalidad de toda comunidad política, y me referiré a la manera en la que se protegen en el esquema clásico, es decir, dentro de la órbita estatal. En la segunda intentaré mostrar por qué las transformaciones geopolíticas y geoeconómicas acaecidas tras el advenimiento de la globalización constituyen un desafío para esta relación entre el individuo y la comunidad política, especialmente en lo que tiene que ver con el fenómeno de las migraciones. Para terminar, en la tercera parte, esbozaré dos de los posibles esquemas mediante los cuales puede ajustarse esta relación entre el individuo y la comunidad a las circunstancias sobrevenidas y expresaré mis argumentos a favor de la posición que considero puede ser la más plausible.

I. El punto de partida: el individuo en el Estado

Que la protección de la libertad, o, con mayor amplitud, de los derechos del individuo, constituye el fundamento y la finalidad del Estado es tal vez uno de los principales tópicos de la filosofía política. La idea central consiste en que el individuo está investido de ciertas facultades básicas que le son inherentes y que no puede ejercer si no existe una comunidad política –el Estado– que las proteja mediante su actuación. Cuáles son esas facultades básicas, ha sido uno de los aspectos más debatidos entre los filósofos y los teóricos del Estado a lo largo de todos los tiempos. Es evidente que una investigación a fondo sobre este punto desbordaría los fines de estas reflexiones. Aquí debe bastar con enunciar someramente las tres principales teorías acerca de estas facultades básicas: la liberal, la democrática y la del Estado social, y precisar cuáles son sus alcances.

1. *Las facultades básicas de la persona liberal*

De acuerdo con la tesis liberal, la finalidad del Estado es proteger el ejercicio de la libertad y los bienes personalísimos del individuo. LOCKE, por ejemplo, sostuvo que la legitimidad del poder del Estado descansa sobre la base de la protección de la "vida, libertad y hacienda" del individuo o, en sus propias palabras, que "el fin supremo y principal de los hombres al unirse en repúblicas y someterse a un gobierno es la preservación de sus propiedades"[20]. Por su parte, KANT señaló que la principal directriz de la acción del Estado es el conocido "principio general del derecho", según el cual "una acción es conforme a derecho cuando, según ella, la libertad de arbitrio de cada uno puede conciliarse con la libertad de todos, se-

---

[20] J. LOCKE. *Dos ensayos sobre el gobierno civil*, Madrid, Edit. Espasa-Calpe, 1991, p. 293.

gún una ley general"[21]. Este principio muestra claramente cómo KANT atribuye al Estado, y en particular a la legislación, la labor fundamental de proteger y armonizar la libertad de todos los individuos.

Pero, ¿en qué consiste esa libertad?, ¿cuál es su contenido como atributo inherente al individuo? En las últimas décadas, JOHN RAWLS ha intentado dar una respuesta a esta pregunta mediante su concepto liberal de persona. De acuerdo con RAWLS, la persona está caracterizada por dos facultades morales que constituyen el núcleo de sus atributos como sujeto libre. La primera facultad moral consiste en la aptitud de tener un sentido de la justicia –capacidad de ser "razonable", en la terminología de este autor–[22]. Por su parte, la segunda facultad se define como la "capacidad para albergar una concepción del bien" –capacidad de ser "racional"[23]–. La primera facultad moral se identifica con la disposición humana para tomar parte de manera consciente en la cooperación social y para respetar los términos en que ésta se desenvuelve. La segunda facultad moral, en cambio, se refiere a la capacidad de proponerse objetivos y de "perseguir una concepción de lo que consideramos que en la vida vale la pena"[24]. Entre las dos facultades existe una relación manifiesta: mientras la primera alude a los presupuestos individuales de la asociación política, la segunda recalca las posibilidades que esta asociación reconoce al individuo.

---

[21] I. KANT. *Introducción a la teoría del derecho*, Madrid, Centro de Estudios Constitucionales, 1978, p. 80.

[22] RAWLS. *El liberalismo político*, cit., pp. 49 y 338.

[23] Ibíd., p. 338.

[24] Ídem.

Estas dos facultades morales sirven de criterio para determinar la lista de libertades básicas del individuo que deben ser protegidas por toda comunidad política justa. De las facultades morales de la persona se deriva el inventario de libertades que han de ser tenidas en cuenta por los fundadores del Estado y que luego han de materializarse en el catálogo de derechos fundamentales[25]. De acuerdo con RAWLS, de este catálogo sólo pueden formar parte las libertades que sean "esenciales" para el desarrollo de las capacidades de la persona, es decir, las libertades de pensamiento y de conciencia, las libertades políticas de asociación, las libertades físicas y de integridad de la persona, y los derechos y libertades implícitas en el principio de legalidad[26].

2. *Las facultades básicas de la persona democrática*

También la teoría democrática ha esbozado una concepción del sujeto, compuesta por un conjunto de atributos o facultades básicas cuya protección representa el fundamento y la finalidad de toda comunidad política. La clave de esta concepción se encuentra en el concepto de autonomía, y aparece ya expuesta *in nuce* en el ideal de ROUSSEAU de "encontrar una forma de asociación que defienda y proteja de toda fuerza común a la persona y a los bienes de cada asociado, y por la cual cada uno, uniéndose a todos, no se obedezca sin embargo más que a sí mismo, y permanezca así libre"[27]. La teoría democrática propugna la atribución al individuo de la mayor

---

[25] Ibíd., p. 330.
[26] Ibíd., p. 328.
[27] J.-J. ROUSSEAU. *El contrato social*, Madrid, Edit. Taurus, 1969, p. 25.

capacidad posible para darse normas a sí mismo; defiende un entendimiento del hombre como sujeto soberano, capaz de autogobernarse, que tiene el derecho de no obedecer más que a sus propios designios.

Esta idea central de la teoría democrática ha conocido en las últimas décadas un vigoroso auge en la teoría del discurso pergeñada por HABERMAS y algunos de sus discípulos. El concepto de persona democrática, o de persona deliberante, es el más relevante de los desarrollos de la teoría del discurso, si la observamos desde el punto de vista de los derechos fundamentales. Así como RAWLS ha esbozado un concepto liberal de persona, los defensores de la teoría del discurso han expuesto las características antropológicas que su concepción presupone. Como es bien sabido, en la teoría de HABERMAS la clave de funcionamiento del Estado y del derecho se halla en el llamado principio del discurso. De acuerdo con este principio, sólo deben ser consideradas normas válidas aquéllas a las que todos los afectados puedan prestar su asentimiento, en calidad de participantes en discursos racionales[28]. De esta equivalencia entre el principio del discurso y el principio democrático se deriva que el concepto de persona presupuesto por el principio democrático se identifica con el concepto de persona que exige el principio del discurso; o, en otros términos, que la persona democrática es la persona deliberante en un discurso racional.

El principio del discurso presupone una persona capaz de deliberar y de prestar su asentimiento. Esta circunstancia permite

---

[28] J. HABERMAS. *Facticidad y validez. Sobre el derecho y el Estado democrático de derecho en términos de teoría del discurso*, Madrid, Edit. Trotta, 1998, p. 172.

explicar por qué, desde el punto de vista de la teoría del discurso, el concepto de persona se articula básicamente en torno a la capacidad de discernimiento de cada individuo (*Zurechnungsfähigkeit*). Esta capacidad se define como la habilidad indispensable que cada hablante debe poseer para tomar parte en la comunicación[29]. La capacidad de discernimiento engloba dos facultades susceptibles de ser predicadas de la persona: por una parte, la capacidad para hacer afirmaciones y para defenderlas de la crítica con razones convincentes; y por otra, la capacidad de ser crítico con las afirmaciones de los demás y con las suyas propias, es decir, las aptitudes de crítica y autocrítica, a la última de las cuales se suma además la facultad de autocorrección[30]. Estas facultades son el objeto principal de protección de los derechos fundamentales y en conjunto, como concepto democrático de persona, son el presupuesto del *status* de ciudadano. Por esta razón, desde el punto de vista de la teoría democrática, los derechos fundamentales prioritarios son los derechos políticos y la dimensión participativa de otros derechos liberales y prestacionales como la libertad de expresión e información o el derecho a la educación.

3. Las necesidades básicas de la persona presupuesta por el Estado social

Por último, también la teoría del Estado social perfila una imagen del sujeto que debe ser protegido por el Estado y que se compone

---

[29] J. HABERMAS. *Teoría de la acción comunicativa*, vol. II, "Crítica de la razón funcionalista", Madrid, Edit. Taurus, 1987, p. 110.

[30] GÜNTHER. "Welche Personenbegriff braucht die Diskurstheorie des Rechts?", cit., pp. 83 y ss.

esta vez no de un conjunto de facultades, sino de necesidades básicas. Según esta línea de pensamiento, ninguna concepción sobre el contenido de los derechos fundamentales, en cuanto fundamento del Estado, puede desconocer que "grandes sectores de la comunidad no pueden valerse por sí mismos"[31]. De acuerdo con TUGENDHAT, uno de sus principales valedores en el ámbito filosófico, el sistema de derechos fundamentales no puede sostenerse sobre la presunción errada de que la sociedad está conformada enteramente por individuos capaces, autónomos y autosuficientes, que además intervienen en condiciones de igualdad en la toma de decisiones políticas. Por esta razón, su base no puede estribar en el concepto de libertad sino en el de necesidad o, con mayor precisión, de necesidades inherentes al hombre.

La idea de necesidades inherentes al hombre no es por entero incompatible con el liberalismo. En las nociones de libertad negativa y de autonomía, que fundamentan la concreción de los derechos fundamentales en deberes de abstención, subyace también el reconocimiento de que el individuo tiene la necesidad de elegir y de decidir su propio rumbo. No obstante, la idea de necesidad se extiende sobre otros planos soslayados por el pensamiento liberal. Esta idea también pone de relieve que la situación de carencia de los bienes indispensables para subsistir y para ejercer las libertades, en que se encuentran vastos sectores de la población de los Estados, es un hecho de relevancia social.

De esto se sigue que el imperativo de satisfacer las necesidades básicas de toda la población fundamente ciertas reglas

---

[31] TUGENDHAT. *Lecciones de ética*, cit., pp. 338 y ss.

de cooperación que también integran el contenido de los derechos fundamentales. Estas reglas de cooperación desarrollan el principio de solidaridad[32], conforman los derechos fundamentales prestacionales y prescriben deberes de actuar que tienen un doble efecto de irradiación[33]. Dichos deberes se proyectan en primer lugar sobre el propio afectado –a quien su *status* inicial como persona autónoma le impone una obligación de autoayuda–, y sobre sus familiares y allegados, quienes tienen con el afectado un vínculo de solidaridad muy estrecho. Sin embargo, si estas obligaciones positivas no pueden ser satisfechas en esta primera instancia, se traspasan de modo subsidiario a todos y cada uno de los miembros de la sociedad que se aúnan en el Estado para procurar el correspondiente deber prestacional[34]. La ejecución de estos deberes prestacionales debe proveer el mínimo vital a todos los individuos y los bienes necesarios para el ejercicio de su libertad y sus derechos políticos.

---

32 M. BORGETTO ha señalado que el principio de solidaridad cumple la función de fundamentar en alguna medida ciertos derechos sociales. En esta dimensión, la solidaridad se entiende como un "deber colectivo de ayuda mutua", como un "verdadero principio de acción política": *La notion de fraternité en droit public français,* Paris, LGDJ, 1993, p. 398.

33 TUGENDHAT. *Lecciones de ética,* cit., pp. 341 y ss.

34 Del mismo modo, J. J. GOMES CANOTILHO ha hecho ver que el imperativo que se desprende de los derechos sociales vincula a todos los miembros de la sociedad y se hace efectivo sobre todo por los contribuyentes, quienes proporcionan al Estado los recursos necesarios para atender las prestaciones correspondientes: "Metodología 'fuzzy' y 'camaleones normativos' en la problemática actual de los derechos económicos, sociales y culturales", en *Derechos y Libertades,* 6, 1998, pp. 39 y ss.

II. Los cambios que la globalización ha producido en los vínculos entre el individuo y la comunidad política

Como síntesis de todo lo anterior puede afirmarse que los derechos fundamentales constituyen el fundamento de la existencia del Estado y tienen como finalidad la protección de las capacidades y libertades básicas del individuo, de su autonomía política y la satisfacción de sus necesidades más apremiantes. La pregunta es ahora si este esquema de relaciones entre el individuo y la comunidad política puede responder adecuadamente a los principales desafíos que le plantea la globalización y que son consecuencia de diversos fenómenos, de los cuales tres merecen ser especialmente destacados: la pérdida de poder del Estado, el empobrecimiento de un gran número de sociedades y la migración.

1. La pérdida de poder del Estado

Es poco probable que el Estado pueda hacer frente al reto de proteger las facultades básicas del individuo y de satisfacer sus necesidades más apremiantes, dado que la globalización ha perforado su soberanía y le ha enajenado una parte significativa de su poder de acción. Como es bien sabido, la globalización no implica la desaparición del Estado, sino un debilitamiento de su poder hacia el interior y el exterior, para permitir el fortalecimiento de los intercambios y las comunicaciones transnacionales. La globalización presupone el desmantelamiento de las barreras de protección económica de los Estados[35] para

[35] J. E. Stiglitz. *El malestar en la globalización*, Madrid, Edit. Taurus, 2002, p. 34.

permitir el libre tránsito de capitales y mercancías. También, lleva aparejada la imposición a cada Estado de una política de no intervención en la economía, que se concreta en medidas consistentes, por ejemplo, en abstenerse de subsidiar la producción de ciertas mercancías, a fin de permitir así la libre competencia.

Esta pérdida del poder regulador del Estado lleva consigo su transferencia a otras instancias internacionales –como el Banco Mundial (BM), el Fondo Monetario Internacional (FMI) o la Organización Mundial del Comercio (OMC)– y a las empresas transnacionales, así como su capitulación frente a los efectos de las leyes del mercado. En estas circunstancias, el esquema de relaciones entre el individuo y el Estado sufre una aguda distorsión, sobre todo en lo que concierne a la satisfacción de las necesidades básicas y al ejercicio de los derechos democráticos.

¿Cómo puede seguir afirmándose que la satisfacción de dichas necesidades constituye el fundamento y el fin del Estado, si dicha satisfacción comienza a depender de la política económica que hoy día, sobre todo en el mundo periférico, está hecha a la medida de las directrices del Banco Mundial y el Fondo Monetario Internacional y de los intereses de las empresas transnacionales? Y a su vez, ¿cómo puede seguir sosteniéndose que uno de los pilares de la relación entre el individuo y la comunidad política es la participación de aquél en las reglas que gobiernan a esta última, si las directrices de estos organismos internacionales de política económica –el gobierno de la globalización– están trazadas por técnicos provenientes de los países industrializados y vinculados a los intereses de las empresas más poderosas?[36]. La globalización ha implicado la pérdida en un elevado grado del control que tiene el Estado sobre su propia economía. La economía de cualquier Estado puede verse afectada por desestabilizaciones repentinas, ocasionadas por la huida de capitales o por decisiones adoptadas por parte de las empresas transnacionales[37], sin que los órganos de gobierno interno puedan adoptar medidas enteramente eficaces para paliar los efectos negativos de una crisis.

En este nuevo panorama, entonces, el Estado deja de ser *de facto* el principal referente de la comunidad política, aquél

---

[36] Sobre esta crítica: STIGLITZ. *El malestar en la globalización*, cit., p. 44: "Las instituciones [el FMI y el BM] están dominadas no sólo por los países industrializados más ricos sino también por los intereses comerciales y financieros de esos países, lo que naturalmente se refleja en las políticas de dichas entidades. La elección de sus presidentes simboliza esos problemas y con demasiada asiduidad ha contribuido a su disfunción. Aunque casi todas las actividades del FMI y el BM tiene hoy lugar en el mundo subdesarrollado (y ciertamente todos sus préstamos), estos organismos siempre están presididos por representantes de los países industrializados (por costumbre o acuerdo tácito el presidente del FMI es siempre europeo, y el del Banco Mundial siempre es norteamericano). Éstos son elegidos a puerta cerrada y jamás se ha considerado un requisito que el presidente posea alguna experiencia sobre el mundo en desarrollo. Las instituciones no son representativas de las naciones a las que sirven [...] Los problemas también derivan de quien habla en nombre del país. En el FMI son los ministros de Hacienda y los gobernadores de los bancos centrales. En la OMC son los ministros de Comercio. Cada uno de estos ministros se alinea estrechamente con grupos particulares en sus propios países. Los ministros de Comercio reflejan las inquietudes de la comunidad empresarial, tanto los exportadores que desean nuevos mercados abiertos para sus productos como los productores de bienes que compiten con las importaciones".

[37] D. HELD. *La democracia y el orden global. Del Estado moderno al gobierno cosmopolita*, Barcelona, Edit. Paidós, 1997, pp. 162 y ss.

que con su acción fundamentada en el ejercicio democrático puede garantizar al individuo un mínimo vital y proporcionarle los medios indispensables para el ejercicio de su libertad. Su posición como destinatario de los derechos fundamentales prestacionales y de participación política se vuelve enteramente formal, se asemeja a la de un convidado de piedra que permanece inmóvil ante los efectos que las políticas globales proyectan sobre su población. Los deberes de acción que le imponen los derechos fundamentales terminan cediendo ante los deberes de abstención que le impone la globalización[38].

Como ha subrayado OSWALDO DE RIVERO en su trepidante libro *El mito del desarrollo*, el Estado, aquel antiguo *Leviatán*, poderoso y soberano, temible pero inexorable, "se ha autodegradado" para convertirse en un "vicario del capitalismo global"[39]. Y este declive del Estado no ha sido compensado con la creación de un sistema democrático transnacional, gobernado por un "derecho democrático cosmopolita" como el propuesto por DAVID HELD[40]. Aún no se ha fundado un sistema en el que se dismiuya la asimetría entre quienes toman las decisiones y quienes se ven afectados por ellas, y en el que las empresas transnacionales que imponen las reglas del mercado sean responsables ante los ciudadanos de todo el mundo, que son precisamente los destinatarios de sus decisiones.

---

38 J. HABERMAS. "La constelación posnacional y el futuro de la democracia", en *La constelación posnacional. Ensayos políticos*, Barcelona, Edit. Paidós, 2000, pp. 104 y ss.

39 O. DE RIVERO. *El mito del desarrollo. Los países inviables en el siglo XXI*, 2.ª ed., Lima, Fondo de Cultura Económica, p. 53.

40 HELD. *La democracia y el orden global*, cit., p. 44.

2. *El empobrecimiento ocasionado por la globalización*

La segunda razón que lleva a preguntarse si en realidad el Estado puede continuar asumiendo su responsabilidad frente a los derechos fundamentales de los individuos es el agudo empobrecimiento que han experimentado la mayoría de las sociedades del planeta y que comienza a entenderse como un efecto de la globalización.

Ya es un lugar común la sentencia que condena a las políticas que han gobernado la economía mundial durante las últimas décadas, por haber hecho a los ricos cada vez más ricos y a los pobres cada vez más pobres. Como denuncia STIGLITZ, las cifras son escalofriantes: "En la última década del siglo XX el número de pobres ha aumentado en casi cien millones. Esto ha sucedido al mismo tiempo que la renta mundial total aumentaba en promedio un 2.5 por ciento anual"[41].

La política poco coherente de pretender ayudar a los países subdesarrollados ordenando la apertura de sus mercados, mientras los países industrializados protegían los suyos[42]; la concentración de la tecnología y de la mano de obra calificada en Estados Unidos, Europa y Japón; la depreciación de las materias primas y de las manufacturas no industriales, la vigencia de férreas leyes de propiedad intelectual confeccionadas en la Ronda de Uruguay a la medida de los productores y no de los consumidores, y la depredación de la ecología, han polarizado el mundo en una especie de *apartheid* económico global en el que se distingue una aristocracia de

---

41 STIGLITZ. *El malestar en la globalización*, cit., p. 30.
42 Ibíd., pp. 17 y 31.

dominadores, interconectados en red, que se juegan la suerte del planeta en los centros financieros y que gobiernan el mundo haciendo *lobby* ante los gobiernos más poderosos y los organismos multilaterales, y un contingente cada vez más numeroso de excluidos, desempleados o trabajadores en condiciones precarias, que deambulan en los cinturones de miseria de las urbes del mundo subdesarrollado o intentan emigrar en condiciones poco dignas. Desde esta perspectiva, la globalización es contradictoria: incluye a todas las regiones y grupos humanos del planeta y, al mismo tiempo, excluye a ciertas regiones y grupos de sus beneficios.

En estas condiciones, los hasta ahora llamados países en desarrollo devienen víctimas de una suerte de darwinismo económico internacional que parece convertirlos más bien en países inviables[43]. En los países inviables, la fundamentación del Estado en la necesidad de proteger los derechos fundamentales del individuo adquiere un tinte quimérico –piénsese tan sólo en el derecho al trabajo y a alimentarse–, cuando no el de un ardid retórico para justificar una explotación cínica. En estos países, asimismo, la emigración no es más que una consecuencia natural.

3. *La migración y el cierre de fronteras*

Debido a la pobreza y a las guerras, hoy más de 100 millones de personas viven fuera de su país de origen, y de este número 20 millones son refugiados[44]. Bien puede pensarse

---

[43] La locución es de DE RIVERO. *El mito del desarrollo*, cit., pp. 97 y ss.

[44] S. CASTLES. "Globalization and Migration: some Pressing Contradictions", en *Ethnicity and Globalization*, London, Sage, 2000, p. 125.

que estas cifras representan sólo un pequeño porcentaje de la población mundial. Sin embargo, aun en estas proporciones, la migración desafía tanto a los países de origen como a los de acogida. En los primeros significa la devastación de múltiples estructuras familiares, culturales, económicas y sociales, la fuga de mano de obra y de ingenio, el escape de cerebros y la correlativa disolución de las esperanzas de desarrollo y progreso. Los países de emigrantes se hacen dependientes de las remesas provenientes del extranjero, que en la mayoría de los casos se invierten en bienes de consumo, y por ello se alejan aún más de la creación de infraestructura y de redes tecnológicas e industriales que hagan competitivas a sus economías. En los países de acogida, la inmigración varía el panorama económico y cultural, y exige redefinir la estructura de la demanda de trabajo y los valores de la comunidad. El migrante, por su parte, padece una situación de exclusión en los dos estadios. Emigra porque se considera excluido de las posibilidades de progreso en su lugar de origen, y puede experimentar también la exclusión del mercado y la sociedad a la que se desplaza.

Por su parte, la política para contrarrestar la inmigración que se desarrolla en el seno de la globalización parece estar marcada por un sino de contradicciones[45]. Se garantiza el derecho de salir de cualquier país, pero no el de entrada a los países industrializados. La globalización pregona el imperio del liberalismo, pero se trata de un liberalismo amañado, que postula la libre circulación del capital pero no del trabajo. Los países pobres desdeñan la emigración de científicos y

---

[45] Sobre algunas de estas contradicciones: ibíd., pp. 125 y ss.

trabajadores muy cualificados, estos sí apetecidos por las multinacionales asentadas en el mundo desarrollado, al paso que los trabajadores no cualificados son repudiados por los primeros, que los consideran una carga social, y son rechazados también por los países ricos. Las restricciones a la entrada de inmigrantes no logran contener el desplazamiento de los menesterosos, sino que abren espacio a un nuevo mercado: el mercado negro de la inmigración, el reino de las organizaciones ilícitas de trata de personas, que hacen del hombre moneda de cambio, y el imperio de la explotación laboral de los inmigrantes que los convierte en los esclavos de nuestro tiempo. Por último, en palabras de MANUEL CASTELLS, se crea la tensión entre *the net and the self*, entre la red y el yo, entre lo global y lo provincial: el mundo industrializado tiende a querer al mismo tiempo dominar el planeta entero, extender sus productos y sus tentáculos a los confines de la tierra, pero replegarse en sí mismo, proteger con muros sus fronteras y su cultura.

Estas contradicciones de la política migratoria de los países industrializados desconocen que, en una destacable medida, la migración es un producto natural de las políticas económicas globales, que ellos mismos han impulsado y que, por tanto, es también una consecuencia indirecta de sus propias acciones. Los países receptores de inmigrantes son asimismo responsables en parte de la inmigración[46]. Las contradicciones de la política de inmigración que los países industrializados imponen al mundo globalizado hacen in-

---

[46] C. JOPPKE. *Immigration and the Nation-State: The United States, Germany, and Great Britain*, Oxford, Oxford University Press, 1999.

eficaz a esta política y ponen de manifiesto la precariedad del modelo de relaciones entre el individuo y la comunidad basado en el sedentarismo y en la protección de las facultades básicas del individuo exclusivamente en forma de derechos fundamentales contra su propio Estado.

¿Acaso las facultades básicas de los inmigrantes o de los ciudadanos de los Estados que gobiernan los países subdesarrollados no son tan dignas de tutela como las de los ciudadanos de los países industrializados? ¿Puede aceptarse que la protección efectiva de estas facultades se rija por un régimen particular que escapa a la globalización y que confina la tutela del individuo a los avatares de cada unidad estatal, sin importar lo que allí ocurra? ¿Sucede entonces que la protección de estas facultades es el fundamento de la comunidad política en la era estatal, pero no en la era global? Lo más sensato parece ser aceptar el estruendoso fracaso del modelo tradicional de protección del individuo. Pero, si es necesario descartar este modelo, ¿qué alternativas restan? A continuación exploraremos dos vías de salida: la República mundial y el modelo de los Estados interdependientes.

III. Hacia una nueva relación entre el individuo y la comunidad política

1. La República mundial

La primera alternativa posible al modelo tradicional es la República mundial. En este modelo, cuyos lineamientos se ajustarían en gran medida a lo esbozado por Kant en su ensayo sobre la paz perpetua, la ciudadanía dejaría de funcionar como un criterio exclusivo hacia el exterior. En otros términos, todos los seres humanos seríamos ciudadanos de un mismo Estado, la ciudadanía sería cosmopolita, absolutamente inclusiva, y dejaría de cumplir sus funciones de criterio para discernir entre los seres humanos. Por esta misma razón, existirían sistemas de protección planetaria de las facultades básicas de todos los individuos por igual, y cada ciudadano del mundo estaría vinculado jurídicamente por el deber de solidaridad que lo haría en parte responsable de la satisfacción de las necesidades básicas de sus congéneres, sin que pudieran mediar distinciones entre ellos.

Es muy probable que este modelo de República universal sea el más justo de todos los posibles. La ciudadanía cosmopolita sería el sustrato ideal para que el principio de universalidad de los derechos humanos se realizara en su óptima medida. Sin embargo, por lo menos en el corto plazo, la implantación súbita de un sistema semejante no parece más que una utopía. Por una parte, cabe reconocer que en la mayoría de los discursos legitimadores del poder público el concepto de ciudadanía no tiene sólo un carácter jurídico formal, sino que se suele emparentar con elementos culturales relativos a la existencia de una identidad nacional o de entendimientos y valores compartidos[47]. Independientemente del juicio que se tenga sobre lo correcto de estas posturas, o sea, sobre si algo semejante a una identidad nacional o a un grupo de valores compartidos pueda existir aun en los conglomerados humanos más homogénos, lo cierto es que los discursos nacionales campean a sus anchas por los cinco continentes y no pueden ser desconocidos por entero. Por

---

[47] JOPPKE. *Immigration and the Nation-State,* cit., p. 6.

otra parte, permitir de golpe la migración irrestricta posiblemente devastaría aún más a los países pobres y causaría desajustes mayúsculos, culturales y económicos, en el mundo desarrollado. Es bien factible que un tránsito inopinado hacia la ciudadanía cosmopolita se pagara con más depredación e iniquidad que las hasta ahora existentes.

La creación de la República mundial exige un proceso de evolución paulatino y estable, en el que la justicia vaya imponiéndose paso a paso, al compás de la edificación de formas renovadas de democracia. La libertad planetaria de locomoción y de trabajo únicamente puede proceder de una deliberación entre los países de salida y de llegada y de la estabilización entre ambos tipos de sociedades, en la que se escuche a los ciudadanos de unas y otras. Sólo de esta manera se contaría con la opinión y la aceptación de todos los afectados y poco a poco se generarían los nexos de solidaridad entre unos y otros, sin los que la República mundial no sería nada distinto a un nuevo artificio para encubrir el estado de naturaleza, el reino de los poderes salvajes.

2. *El modelo de los Estados interdependientes*

La segunda alternativa consiste en establecer un modelo intermedio entre el hasta ahora existente y la República mundial. En este modelo intermedio se conservaría la independencia de los Estados nacionales, pero se afianzaría su interdependencia en cuanto a la protección de las facultades básicas del individuo y la satisfacción de sus necesidades vitales, mediante el fortalecimiento de los nexos de solidaridad entre unos y otros. Estos objetivos se lograrían fundamentalmente por medio de dos estrategias: extendiendo la democracia y los principios de justicia social a la globalización y al diseño de las políticas de migración a escala mundial.

Para lo primero, es necesario que se consolide una opinión pública global y que se constituyan organismos de gobierno internacional, en donde se discutan las políticas económicas mundiales y se exija una responsabilidad política, social y ecológica a las empresas transnacionales y a los organismos financieros multilaterales –el FMI y el Banco Mundial–. El diseño de estas políticas debe dejar de ser una competencia exclusiva de los países industrializados y debe producirse mediante una deliberación en condiciones de equidad entre todos los afectados por ellas. El gobierno de la globalización debe incluir a todos los seres humanos y debe reflejar los intereses y las necesidades de productores y consumidores, de quienes ganan y quienes pierden con los intercambios mercantiles internacionales. Sólo así podrá producir un reparto justo de las cargas y los beneficios económicos, ecológicos y humanos.

En lo que concierne al segundo aspecto, los países de acogida de los inmigrantes deben hacerse conscientes de que la política de inmigración no puede seguir considerándose como una manifestación soberana del derecho de autodeterminación, que puede ejercerse con una discrecionalidad absoluta e irresponsable[48]. La política de inmigración es también un asunto que debe regirse por los principios de justicia que rigen el Estado constitucional democrático y debe responder a las exigencias de protección de los derechos humanos. También vulnera los derechos humanos una política que proteja los

---

[48] Ibíd., pp. 2 y 17.

derechos fundamentales de los ciudadanos y eleve su umbral de satisfacción hasta las cotas más altas y, a la vez, soslaye los derechos humanos de los inmigrantes y del resto de la humanidad. En este mismo sentido, la política de inmigración debe dejar de depender en exclusiva de las necesidades de la clientela política, debe abandonar el terreno de la retórica electoral que intenta capturar el voto de los ciudadanos que ven en el inmigrante una amenaza contra su cultura y su derecho al trabajo. Más bien, debe aceptarse que la inmigración es una consecuencia natural de la globalización, que implica múltiples oportunidades de crecimiento para los países de acogida y representa una vía para la protección de las facultades básicas de un sinnúmero de individuos que no encuentran en sus propios países las condiciones políticas o económicas para llevar una existencia digna. La actitud frente al inmigrante debe ser de empatía, solidaridad y confianza, en vez de rechazo y menosprecio.

Asimismo, la política de migración debe dejar de ser un asunto interno de los países de acogida. Por el contrario, debe comenzar a ocupar la agenda de la discusión democrática en los encuentros bilaterales entre Estados y, sobre todo, en los foros internacionales. Ante el rotundo fracaso de las políticas represivas, lo idóneo es crear planes internacionales de mejoramiento de las condiciones económicas y sociales en los países pobres y programas de migración legal concertados por todos los afectados.

Por último, tanto en los países de partida como en los de acogida, es indispensable implementar políticas de reajuste económico y cultural, para paliar los efectos de la migración. La integración del inmigrante en los países de acogida es uno de los mayores desafíos del milenio que ha comenzado. Las políticas que intentan paliar la discriminación –y las medidas jurídicas[49]– son desde luego una piedra angular de cualquier respuesta a este desafío. Sin embargo, ésta también exige entablar un diálogo cultural entre los valores de la sociedad originaria del inmigrante y la sociedad de acogida. La integración necesita que esta última se interese por conocer los valores imperantes en las sociedades de donde proceden los inmigrantes e intente encontrar puntos de diálogo y equilibrio con los propios. No hay integración sin simbiosis cultural[50]. La dictadura de los valores de la sociedad de acogida es únicamente una puerta abierta para la segregación, los guetos, la opresión y el rechazo.

---

[49] Téngase como ejemplo la línea jurisprudencial norteamericana que conoció su inicio en la sentencia Plyler vs. Doe, según la cual, las diferenciaciones fundadas en la calidad de inmigrante deben ser consideradas como clasificaciones sospechosas y deben ser enjuiciadas mediante el test estricto de la igualdad.

[50] En este sentido, HABERMAS. "Die interkulturelle Diskurs über Menschenrechte", cit., p. 219.

CAPÍTULO TERCERO
ESTADO SOCIAL DE DERECHO, MERCADO E INMIGRACIÓN

Jesús Ernesto Patiño Ávila
Profesor de la Universidad Distrital de Bogotá

Introducción

En un célebre trabajo monográfico Max Weber denominó "la moderna civilización europea"[1], en relación con los valores éticos que le subyacen, como "aquella mentalidad que aspira a obtener un lucro, ejerciendo sistemáticamente una profesión, una ganancia racionalmente legítima"[2]; cuyo comienzo se remonta en el siglo xvii, según Parsons, a "la influencia de la religión en la legitimación de la sociedad"[3]. Al desencantamiento de las imágenes metafísicas y religiosas del mundo, que acompañó al surgimiento de una cultura profana, le siguieron los procesos de institucionalización de la acción económica, cuya característica fue la orientación racional con arreglo a fines. El capitalismo surgió, en Europa, de acuerdo con la expansión de la concepción de la vida

---

1 Max Weber. *La ética protestante y el espíritu del capitalismo*, Barcelona, Edit. Península, 1969, p. 5.
2 Ibíd., p. 63.
3 Talcott Parsons. *El sistema de las sociedades modernas*, México, Edit. Trillas, 1987, p. 67.

–valores éticos o "espíritu" de WEBER– que hizo posible su organización empresarial y las formas de administración burocrática de dominación legal.

Al establecer WEBER un fundamento normativo de la moral en la racionalidad económica, esquivando una lógica de la eficacia, permitía comprender la estructuración de fondo de la formación política de la voluntad común y entender la técnica racional en el uso de los recursos económicos de producción, distribución y consumo de bienes y servicios. La moral protestante de la tradición judeo-cristiana quedaba, así, enquistada en la eticidad de la organización empresarial capitalista.

Después que el mercantilismo y la economía-mundo (WALLERSTEIN) hacen crisis, la respuesta del Estado social de derecho a la crisis del capitalismo crea, desde 1945, basándose en el instrumental de la política keynesiana, un programa de desarrollo ligado a una ética empresarial directamente derivada del Estado de posguerra, reconstruido sobre bases relativamente nuevas. Y en los últimos treinta años, se han ido redefiniendo dos entornos del sistema económico dependientes del Estado social: la economía doméstica –orientada hacia el consumo de masas– y las relaciones de clientela con el Estado social. "Por estos dos canales se diligencian las compensaciones que el Estado social provee para la pacificación del mundo del trabajo y para la neutralización de la participación, jurídicamente posible, en los procesos de decisión política"[4]. Es claro que la participación política acordada jurídicamente no logra expresarse mayormente, para reor-

---

[4] JÜRGEN HABERMAS. *Teoría de la acción comunicativa,* vol. II, "Crítica de la razón funcionalista", Madrid, Edit. Taurus, 1987, p. 496.

ganizar aspectos decisivos del Estado social, debido a la incompatibilidad moral de la izquierda y la derecha para viabilizar un proyecto consensual, que podría provenir de la discusión pública elaborada discursivamente, posibilitando, así, una formación democrática de la voluntad cifrada en la vida cotidiana, que haría extensivos sus presupuestos racionales morales a la racionalidad económica y la organización empresarial en su conjunto.

De su parte, el proyecto de un Estado social fuerte no es plausible, en la medida en que se alimenta de la obsoleta utopía de la sociedad del trabajo, perdiendo así su capacidad para alcanzar una vida más justa y segura. Como los procesos crecientes de automatización de la economía –en buena medida utilizando recursos de la informática y la telemática, es decir, llevando recursos de la informática a los medios de comunicación– no requieren de grandes contingentes de trabajadores, la sociedad del trabajo ha perdido vigencia, al igual que la moral universalista que amenazaba y cuestionaba la misma sociedad del trabajo. HABERMAS lo ha manifestado así: "las necesidades expresivas de autorrealización y de juicio crítico de una moral ilustrada universalista son una amenaza para los fundamentos motivacionales de una sociedad del trabajo que funcione"[5].

Puesto que la sociedad del trabajo productivo fue reemplazada por la sociedad del consumo masivo –generalizando la marginalidad relativa en comparación con el consumo de élite–, se requiere un replanteamiento de los fundamentos

---

[5] JÜRGEN HABERMAS. *Ensayos políticos*, Barcelona, Edit. Península, 1997, p. 126.

éticos y motivacionales heredados de la Ilustración, que permitieron la materialización de la racionalidad práctico-moral en Occidente, desde el punto de vista de la institucionalización de la acción racional. Hoy, en la sociedad de consumo masivo, "la esfera del derecho, moralmente neutral, pero que a la vez exige de los sujetos la disponibilidad a obedecer la ley, remite a una moral basada, por su parte, en *principios*"[6]. Si ello es así, entonces es necesario retomar la clásica complementariedad moderna entre moral autónoma y derecho positivo –después de la quiebra del tradicional entramado sacro de moral, eticidad y derecho– para poder erigir los *principios* de *inclusión, reciprocidad, simetría* y –agregamos nosotros– *compensación* (sobre todo, en el caso de la ética empresarial del Estado social organizado como empresa de servicios) en condiciones para interpretar todo discurso práctico referido a la ética empresarial, que conlleva en el ámbito de su aplicación y adecuación al Estado social por lo menos dos consecuencias:

1. Las respuestas de compensación no están exclusivamente en manos de los propios afectados.

2. Como desde el punto de vista económico el Estado social es un modelo de distribución altamente equitativo (cubre igualdad de oportunidades), entonces se puede indagar sobre su justeza por rendimientos intangibles éticos, aparte del consumo productivo de servicios que incide en el beneficio.

A estas dos consecuencias nos referiremos más adelante.

---

[6] JÜRGEN HABERMAS. *Teoría de acción comunicativa*, vol. I, Madrid, Edit. Taurus, 1989, p. 338, cursiva nuestra.

I. Estado social de derecho y utopía

Nuestra consideración sobre la ética empresarial del Estado social de derecho parte del enlace entre moral y derecho, tomando en cuenta que el derecho es un sistema de saber y un sistema regulativo de la acción de implicaciones morales. "Debido a que el derecho, como un sistema de acción, entrelaza motivos y orientaciones valorativas, las normas jurídicas tienen su efectividad inmediata para la acción, que falta a los juicios morales como tales. Al mismo tiempo, las instituciones jurídicas se distinguen naturalmente de los órdenes institucionales emergentes en virtud de su grado de racionalidad comparativamente alta, pues ellos proporcionan forma estable a un sistema de saber que ha sido dogmáticamente elaborado y configurado, y vinculado con *una moral de principios*"[7]. El derecho podría equilibrar las debilidades de una moral implicada en la acción simplemente como saber. Sin embargo, la forma estable del derecho tiende a ser desdicha por las hornadas modernas de juridificación: las normas se cuecen como pan en el horno. Por eso, para "construir a largo plazo, son más importantes las convicciones que las legislaciones"[8].

Ciertamente, en el plano de la ejecución y adecuación de los principios éticos de inclusión, reciprocidad, simetría y compensación es evidente que nos encontramos con disyuntivas, que tienen que ver con optar por la experiencia histórica en

---

[7] Jürgen Habermas. *Between Facts and Norms*, Cambridge, Polity Press, 1996, p. 114, cursiva nuestra.

[8] Adela Cortina y Jesús Conill. *Democracia participativa y sociedad civil. Una ética empresarial*, Bogotá, Edit. Siglo del Hombre, 1998, p. 32.

curso, reactivar las energías utópicas agotadas por la crisis del Estado social o forjar convicciones duraderas.

A pesar del descenso de la rentabilidad de las empresas, la inseguridad de la inversión y la baja de las tasas de crecimiento, que han incidido, a su vez, en el aumento de los índices de parados, la descomposición del modelo de crecimiento demográfico (envejecimiento y fertilidad), la crisis de los presupuestos públicos, la burocratización de las entidades estatales y paraestatales (que atienden a los clientes reales o potenciales del Estado social), la crítica política de derecha e izquierda al Estado social, que oponen el desenvolvimiento de la libre fuerza del mercado al Estado social, es conveniente –a falta de una opción que sustituya el programa del Estado social– no perder de vista "el dilema de que el capitalismo desarrollado no puede vivir sin el Estado social y, al mismo tiempo, tampoco pueda hacerlo con él. Las reacciones más o menos desorientadas ante este dilema prueban que se ha agotado ya el potencial innovador de la utopía de la sociedad del trabajo"[9].

Lo que demuestra la experiencia histórica en curso, respecto del dilema "con o sin el Estado social", es que se tiene que soportarlo como el mal menor. En ese sentido, la justicia como virtud no tiene barreras históricas: el mínimo razonable que requieren los sectores desprotegidos de la fortuna, para desarrollar sus capacidades y vivir libremente, se lo puede postular como ideal ético inaplazable a pesar de la crisis del Estado social.

La crisis del Estado social, que se manifiesta desde la década del 70 del siglo pasado, debido a las fuerzas globalizadoras

---

9 HABERMAS. *Ensayos políticos*, cit., p. 124.

de la economía y su eficiencia en la utilización de los recursos de la informática, no debería quebrar el sistema de seguridad social, el subsidio al desempleo, la institucionalización de la compensación para los dados de baja del mercado laboral, el objetivo a largo plazo de una política de pleno empleo y, en general, la inclusión de la figura marginal en el sistema público sanitario, educativo y habitacional. "Parece difícil, o más bien imposible, que la actividad económica y empresarial pueda seguir funcionando *a medio y largo plazo* en una sociedad radicalmente injusta, tejida con los mimbres de la desigualdad radical, la miseria sin esperanza, la desconfianza mutua, y la consiguiente crispación social. Más bien puede decirse, por el contrario, que unas condiciones de justicia le prestan el aceite imprescindible para seguir funcionando a medio y largo plazo. Que lo inteligente, lo 'rentable', es actuar éticamente, es crear condiciones justas a nivel local y global"[10].

Desde el punto de vista estrictamente ético, es inadmisible que no se obligue a quienes disponen del capital, en el sistema empresarial, a pagar por el disfrute de quienes no tienen las competencias para desarrollar libre y autónomamente su identidad personal. La crisis de valores políticos y morales no puede constituirse en argumento *de facto* que justifique la desigualdad y la injusticia, bajo el supuesto de que la corrupción es inherente a la democracia y no uno de los tantos riesgos que la acechan.

Las soluciones jurídicas que se logre acordar en la dirección de la redefinición del Estado social, tomando en consi-

---

[10] ADELA CORTINA. *La empresa ante la crisis del Estado de bienestar*, Madrid, Edit. Miraguano, 1999, p. 35.

deración el entramado moral y ético que les subyace, como trasfondo contextualizador, pueden ser consideradas insuficientes a largo plazo, para una sociedad que va en el camino de la creciente complejidad y globalización, pero son necesarias, si no se quiere saltar por encima del derecho, haciendo caso omiso de la rectitud normativa, y de la validez y legitimidad del orden jurídico. Frente a los intereses en juego de los dogmáticos defensores a ultranza de la economía de mercado, neoliberal, informatizada y globalizada, sin contar a la vista con un programa alternativo –toda vez que el socialismo fracasó en su proyecto de imponer por la fuerza una forma concreta de vida–, parece justo y razonable la opción de sensibilizar el sistema jurídico en que se basa la ética empresarial desde criterios y principios fomentados en el mundo de la vida, libre de las coacciones jurídicas que le imponen el sistema estatal y el económico. Al momento, parece que estamos condenados a describir y analizar lo intolerable sin tener nada para salir de ello.

II. LA INCLUSIÓN DE LOS EXCLUIDOS

En general, todos los ciudadanos, en el Estado democrático de derecho, tienen la capacidad para participar en las decisiones colectivas que afectan sus intereses y sus bienes. No se podría afirmar, en términos democráticos, que alguno de ellos esté mejor calificado que otro para adoptar decisiones colectivas. De acuerdo con este principio, la democracia debe incluir a todos los adultos que tengan una relación con el proceso de toma de decisiones obligatorias que corresponden al Estado. Tal como lo señala ROBERT A. DAHL: "La argumentación a favor del principio fuerte de la igualdad provee las bases que nosotros necesitamos para establecer un criterio de inclusión que el proceso democrático deberá satisfacer: *el demos debe incluir a todos los adultos sujetos a las decisiones colectivas obligatorias de la asociación*"[11].

De acuerdo con este principio, no se puede excluir a nadie de la participación de los asuntos ciudadanos y se deben rechazar las afirmaciones según las cuales, por ejemplo, hay personas que son por naturaleza esclavas y deben ser dirigidas por un amo. El Estado democrático de derecho exige de los ciudadanos que tengan los requisitos esenciales para valerse por sí mismos y sean capaces de promover sus propios intereses, potenciado sus capacidades como constructores del proceso social; pero también, que sean capaces de promover los intereses de las personas más cercanas a ellos y los del conjunto de la ciudadanía. Esto último indica que, para el caso del Estado social, se suponen capacidades para incluir dentro de las formas de convivencia de la sociedad a personas que no tienen las condiciones idóneas. La inclusión social es la garantía de acceso igualitario a oportunidades para la potenciación y formación de capacidades.

Según NIKLAS LUHMANN, todo ciudadano vive en el plano individual por fuera del sistema del Estado democrático de derecho, pero cada quien debe tener la posibilidad de acceder al sistema estatal, en la medida en que el recurso al cumplimiento de determinadas funciones se lo exijan. También la política tiene un ámbito funcional que, precisamente, permite la realización del *principio de inclusión*, es decir, que abre la

---

[11] ROBERT A. DAHL. *Democracy and its Critics*, New Haven, Conn., Yale University Press, 1989, p. 120.

posibilidad al individuo de participar en el sistema; la forma más clara de esa participación en el sistema político la hace factible el Estado social. Lo cual no significa que el Estado social sea progresivo (ni que se deba desmontar totalmente en esta época de crisis).

La situación actual de crisis del Estado social no permite la inclusión política a través del acrecentamiento continuo de mejores condiciones de bienestar. Ni mucho menos es deseable convertirlo en programa de transición hacia un capitalismo social agenciado por un Estado fuerte, lo cual sería tratar de imponer por la violencia una forma concreta de vida. "La realización del principio de inclusión en el ámbito funcional de la política tiene como consecuencia el tránsito al Estado de bienestar. Estado de bienestar es la realización de la inclusión política. Esto no supone sólo, *de ninguna de las maneras*, el aseguramiento y el acrecentamiento continuo de unas condiciones mínimas de bienestar para cada cual"[12]. A pesar de que LUHMANN diferencia Estado de Bienestar de Estado social, pues según él el Estado en general –el Estado democrático-liberal que precedió históricamente al Estado de Bienestar– es, por naturaleza, social, pero no incluye a la ciudadanía como una condición de justicia social. En síntesis, lo que se propone LUHMANN consiste no tanto en "conceptuar la 'socialidad' del Estado de derecho como, más bien, en tratar de articular la 'juridicidad' de la vinculación sociológica del Estado"[13]. El Estado de derecho en cuanto sistema

---

[12] NIKLAS LUHMANN. *Teoría política en el Estado de Bienestar*, Madrid, Alianza Editorial, 1997, p. 49, cursiva nuestra.

[13] AA. VV. *Problemas actuales del Estado social y democrático de derecho*, Alicante, Gráficas Ciudad Alcoy, 1985, p. 27.

monadológico autorreferencial articula la juridicidad del Estado social ubicada en el entorno del sistema.

El Estado social conlleva, al lado de la creación de nuevas condiciones estatales –que no significan atender el reclamo del acrecentamiento continuo de condiciones de mayor cobertura–, el surgimiento de nuevos problemas que tienen que ver con el descubrimiento de otros ámbitos de acción de competencia de las autoridades públicas como, por ejemplo, la ampliación del sector de los servicios públicos y el mejoramiento de su calidad. Precisamente, buena parte de actividad política orientada, como es natural, a ganarse la aprobación de la ciudadanía, mostrando resultados de gestión, ha debido mejorar y proyectar crecientes condiciones de vida para satisfacer los intereses y expectativas del sistema electoral.

Si la dinámica ética del cumplimiento de las expectativas es la que se impone, entonces la acción política se ve restringida a estar encauzada simplemente en esa dirección, de tal suerte que los políticos tienen cada vez menos libertad en su accionar en cuanto más tienen que cumplir con las demandas del Estado social. En esta perspectiva, la inclusión política se debe entender no solamente desde el punto de vista –señalado por DAHL– de su configuración en la democracia como requisito de funcionamiento; es decir, no sólo en el sentido de brindar seguridad jurídica a los ciudadanos y fomentar su participación y solidaridad, sino también, como una forma de hacer efectiva y activa la democracia, bajo el criterio ético de establecer la *justicia distributiva* en la atención a los intereses más amplios de la ciudadanía.

Bastaría sólo la aplicación de unos principios básicos de justicia distributiva para garantizar la cohesión, solidaridad y sentido de pertenencia a la comunidad política, para la construcción incluyente y reflexiva del público de ciudadanos y residentes, sin cerrar los espacios de democratización que se han conquistado hasta hoy, pero que se deben someter a las exigencias de la globalización imperante, ya que el Estado tiene serias limitaciones para ejercer responsabilidades sociales, en relación con la redistribución de beneficios, en un mundo de competencia abierta. No obstante, a pesar de la globalización, la generación y distribución de riqueza sigue siendo colectiva y se debe seguir haciendo bajo condiciones de justicia distributiva.

No sobra advertir, sin embargo, que el problema no es simplemente formular y conseguir imponer intereses en la organización y realización del Estado social, sino que también es necesario considerar la distribución desigual de la capacidad de tener intereses, ya que los intereses de la ciudadanía –y no ciudadanía– son desiguales y chocan entre sí. En el contexto de la moderna sociedad de consumo masivo, en donde se ubica el Estado social, se mueven diversos intereses contrapuestos: unos son los intereses del consumo selectivo y suntuario de las élites empresariales, políticas y de la comunidad mediática, dependientes de la propensión marginal a consumir; otros son los intereses del consumo estandarizado de las clases medias con sus límites exiguos de consumo marginal; otros son los de la intelectualidad como antagonista inseparable del saber social pero ligada al proceso productivo; y en fin, otros son los intereses de los residentes "no ciudadanos", a quienes la globalización desplaza desde las economías periféricas hacia el centro, pero que, a su vez, los repele por la crisis del Estado social. La paradoja que suscita este choque de intereses –que hace anacrónica la división de clases y su supuesto de una sociedad futura que "se estabiliza en el período de larga duración y pierde el impulso vital que le imprimirían las contradicciones de clase"[14]– es "la condición de extraterritorialidad recíproca"[15] entre dos comunidades políticas excluyentes: los ciudadanos y los inmigrantes; "dos comunidades políticas instaladas en una misma región y en situación de mutuo éxodo [...] el concepto-guía no sería ya el *ius* del ciudadano, sino el *refugium* del individuo"[16].

Sólo una de estas dos comunidades políticas excluyentes, es decir, la figura aparentemente marginal del inmigrante –residente, refugiado político o "apátrida de hecho"– se vuelve, así, una figura central, que no sólo exaspera el odio y la intolerancia, sino que tiene en su contra la ética empresarial corriente y la lógica del funcionamiento de la economía. A pesar de ser el *símbolo del sujeto político* constitutivo del Estado moderno, pues representa el pueblo de los pobres, desheredados y excluidos en el proceso de globalización (siendo, como es, un típico residente global, a quien normalmente se niega su "ciudadanía global"). El pueblo se convierte, así, en una figura marginal. El verdadero pueblo es el conjunto de los inmigrantes marginados que pervive segregado, al lado de las élites del consumo y su mundo vital global informatizado y extraterritorial, quienes, a su vez, simbolizan el águila imperial, siempre dispuesta a surcar los aires ciberespaciales.

---

[14] Jesús Ernesto Patiño Ávila. *El derrumbe de la utopía*, Bogotá, Universidad Distrital, 1991, p. 15.

[15] Giorgio Agamben. *Medios sin fin. Notas sobre la política*, Valencia, Edit. Pre-textos, 2001, p. 29.

[16] Ídem.

En la era de la multipolaridad –en un mundo multicivilizacional y multicultural de hecho, que, sin embargo, cuestiona el multiculturalismo dentro de los países en cuanto lleva al desmembramientos del pluralismo por comunidades cerradas y homogéneas, que son desintegradoras, agresivas e intolerantes– y la crisis del Estado social, su resentimiento moral nos mueve e "invita a recordar la realidad olvidada del capitalismo: su excepcional capacidad para estimular la acumulación de riquezas no significa que tenga capacidad para proporcionar un puesto de trabajo y condiciones de vida dignas a todo el mundo. Los adelantos sociales de las sociedades industriales en el siglo XX (protección social, salario mínimo, convenios colectivos, etc.) no fueron nunca, en este sentido, productos lógicos del capitalismo [...] responden a una reacción defensiva de las sociedades ante la gran transformación"[17]. La impotencia de nuestra reacción no puede ser más que simplemente moral, pero, desde luego, no por ello menos obligante y racional.

El conflicto que genera la presencia de la migración marginal –por oposición a la migración legal de unos pocos privilegiados– sólo puede solventarse recurriendo y coadyuvando a soluciones en los países de origen, es decir, en la periferia del mundo "civilizado" (moderno), que precisamente carece de las ventajas comparativas del consumo que se protege y preserva durante la crisis del Estado social.

Si a la migración marginal fuera pertinente acordarle una redefinición histórica de pueblo, recogiendo el significado diacrónico de la herencia social del pueblo de la revolución

---

[17] JACQUES ADDA. *Globalización de la economía*, Madrid, Edit. Sequitur, 1999, p. 155.

democrático-liberal, a ese "pueblo de refugiados" ya no se le podría enrostrar, con delirio xenófobo y racista, la nación homogeneizada, única e indivisible, puesto que esta nación siempre remite a una comunidad de origen, unicultural y neotribalista, cuyas marcas identitarias agresivas son la prepotencia ligüística y étnica. Una de las grandes transformaciones del proceso de globalización es que los lazos de identidad nacional tienden a volverse frágiles ante el cosmopolitismo de la cibernética, la informática y la telemática, y la conformación de nuevos bloques regionales de poder político, como la Unión Europea y su pretendida identidad postnacional.

No obstante, al parecer sólo una versión *light* del globalismo pregona la desaparición paulatina del Estado y la nación, como lo hicieran en otros tiempos el anarquismo y el marxismo. Lo cierto es que "se mantiene la diferenciación nacional / territorial de la fuerza de trabajo, de su remuneraciones y condiciones de empleo como condición de aumento de los beneficios empresariales a nivel global, y en esta diferenciación la intervención política de los Estados sigue siendo fundamental. Es, así mismo, importante la diferenciación territorial de los Estados y el mantenimiento de las fronteras estatales para la generación de precios nacionalmente diferenciados de bienes 'no transables', es decir que no circulan a través de las fronteras o cuya circulación transnacional es muy reducida: por ejemplo, tarifas de servicios nacionales (comunicaciones, combustibles, rentas inmobiliarias, etc.); estructura de precios en la industria de la construcción, y otros similares"[18].

---

[18] JOHN SAXE-FERNÁNDEZ (coord). *Globalización: crítica a un paradigma*, México, Edit. Plaza & Janés, 1999, p. 90.

Sin embargo, hay una élite transnacional, de ejecutivos de corporaciones transnacionales, burócratas estatales globalizados y élites consumistas como las que hemos mencionado a propósito de la comunidad mediática o el comercio internacional, que establece una distancia abismal de tipo social, económico, cultural y espacial frente al "pueblo de refugiados". Esta élite transnacional, por su sola existencia y nivel de vida e ingresos, no ha arrasado ni la soberanía, ni el ámbito económico nacional, que harían obsoletas las fronteras nacionales. La globalización es, ante todo, un incremento de los flujos comerciales y de inversión; y unas transferencias de tecnología y esquemas productivos, que privilegian la inversión directa extranjera (IDE), como eje organizativo de las estrategias empresariales, en el contexto de la economía internacional, en donde interactúan grupos nacionales y trasnacionales.

Sin embargo, "en un mundo donde el capital no tiene punto fijo, donde los flujos financieros escapan al control de los gobiernos nacionales, la mayor parte de las palancas de la política económica no pueden funcionar ya [...] El carácter transnacional de las fuerzas que las erosionan les permite evitar emprender la acción deliberada, voluntaria y potencialmente racional"[19]. Un capital mundial que no dispone de un espacio fijo, no sólo debilita la economía nacional y el orden legal del Estado-nación que le sirve de sostén y control, sino que, además, su carácter transnacional requiere de un espacio de operatividad efímero, elusivo y desterritorializado pro-

[19] ZYGMUNT BAUMAN. *Le coût humain de la mondialisation*, Paris, Hachette, 1999, p. 89.

picio a los mercados financieros mundiales, imponiendo así sus leyes y reglas al planeta. De ahí que "la única tarea económica que aún se le acuerda al Estado, y que se espera efectivamente de él, consiste en garantizar 'el equilibrio presupuestal' controlando y neutralizando las presiones locales, que desean verlo intervenir de manera más decidida en la conducción de los negocios y ver proteger su población de las consecuencias perversas de la anarquía del mercado"[20].

En consecuencia, no hay ningún motivo para crear expectativas optimistas en un Estado débil, limitado a la función del equilibrio presupuestal y el mantenimiento del orden legalmente establecido. Es claro, además, que la redistribución de los recursos presupuestales sólo alcanza para proteger, prioritariamente, a los nacionales, y no al pueblo de refugiados, errante y marginal; pues es "imposible reinsertar las cuestiones sociales como horizonte de una acción colectiva real"[21]. Lo cual no sólo torna incierto, a largo plazo, al Estado social, sino que la soberanía de todo el pueblo se vuelve *nominal*, el poder tan *anónimo* como las sociedades económicas mundiales y su *espacio vacío*[22]. Y sin embargo, sólo una terrible cruzada moral nos salvaría del desamparo: si los 358 hombres más ricos del mundo decidieran conservar sólo 5 millones de dólares cada uno, donando el resto de su fortuna, podrían doblar virtualmente los ingresos anuales de casi la mitad de la población del globo[23].

---

[20] Ibíd., p. 104.
[21] Ibíd., p. 106.
[22] Ídem.
[23] Ibíd., p. 110.

Pero, obviamente, estas cifras no caben en la cabeza de quienes no se sienten culpables, ni sienten pena ni vergüenza al negar a los pobres y condenados de la tierra el derecho a merodear por el mundo, buscando la tierra prometida de alimentos y abrigo, en cuyo espacio se localiza esa dulce vida ante la cual ellos no cesan ingenuamente de sonreír. Las decisiones de la calculabilidad económica empresarial, en busca de nuevos espacios de rentabilidad, son tan racionales como las decisiones de los inmigrantes, en procura de nuevos espacios de libertad. En el fondo se trata de la "misma *libertad de movimiento* que se celebra como la realización más lograda de la mundialización y la garantía de su prosperidad"[24].

Si, como hemos dicho, hay una capacidad desigual de tener intereses que nuclea y potencia dos comunidades políticas excluyentes –la élite transnacional y el pueblo marginal– que probablemente podrían convivir sin limitar sus espacios territoriales –bajo el supuesto de que adolecen de una conciencia ética doblegada por el perverso sentimiento del espacio vital exclusivo–, su única salida decente sería buscar orientarse por el *principio de simetría*. La *justicia distributiva* nos remite con fuerza de imperativo al *principio* "que requiere la participación en un diálogo en condiciones próximas a la *simetría* por parte de los afectados por una norma"[25] que, en este caso, es la distribución desigual de intereses de comunidades excluyentes, que por lo mismo "plantea la exigencia fuerte de dotar a esos afectados de los medios materiales y culturales para poder participar adecuadamente en esos diálogos"[26].

---

[24] Ibíd., p. 117, cursiva nuestra.
[25] CORTINA. *La empresa ante la crisis del Estado de bienestar*, p. 43.
[26] Ídem.

Pero, es necesario saber establecer la diferencia entre los intereses más sentidos y los intereses subordinados, lo cual lleva necesariamente a una especie de desasosiego frente a expectativas no cumplidas que se requiere incluir. No se debe exagerar, por lo mismo, la valoración positiva del Estado social para proveer a la población de servicios de acuerdo con sus intereses, pues éstos, además de diferenciados, son siempre crecientes. Este es el gran obstáculo del Estado social en la sociedad moderna de acuerdo con el objetivo de la inclusión ético-política: no puede satisfacer las necesidades crecientes de los afectados.

Otro es el problema de la lucha por el reconocimiento en el Estado social de derecho. El *principio de reciprocidad* para discutir en condiciones de igualdad, que se establece en el Estado democrático de derecho, tiene su correlato ético como ofrecimiento de igualdad de oportunidades en el Estado social. Sólo hay democracia en la medida en que haya *complementariedad* entre derechos subjetivos, derechos sociales y deberes éticos.

En una sentencia judicial –sobre retención arbitraria de salarios, por ej.–, se despliega un discurso jurídico fundado en argumentos normativos, que en caso de indecisión o colisión frente a reglas se decide de acuerdo con principios que entran en el ámbito relativo a deberes éticos. De tal suerte que, en determinados casos, los argumentos normativos se dejan impregnar de contenidos deontológicos: tal es el caso de la interpretación de los derechos fundamentales en donde ésta pueda conducir a sustentaciones de contenido moral; tal como sucede en materia de derecho laboral. No se trata de convertir la argumentación jurídica en argumentación moral, pero la argumentación jurídica puede contener un sustrato y una fuerza deontológicos de justificación, que subyace a la lógica de la argumentación. Esto es claro cuando se trata de resolver acerca de derechos considerados esenciales como el derecho a la vida, que es en el fondo el que se defiende en las argumentaciones concernientes a la necesidad del mantenimiento y reformulación del Estado social de derecho. Además, si no hay Estado social de derecho el sistema empresarial se aprovecha de la situación de miseria extrema para imponer condiciones de sobreexplotación de los asalariados, sin garantías sociales, como es el caso de los trabajadores inmigrantes ilegales.

Como ciudadanos en igualdad de oportunidades –de acuerdo con el principio de reciprocidad–, podemos tener dos formas de respeto que tienen que ver con el reconocimiento: de un lado, se requiere el respeto a la identidad de cada individuo, independientemente de su pertenencia étnica, sexo, condición social, política o religiosa; y de otro lado, el respeto que merecen los grupos en desventaja, que tienen un amplio aprecio por sus propias concepciones y acciones acerca de la vida, como es el caso del pueblo de refugiados y marginados.

En relación con este segundo aspecto, el Estado debe proteger la integridad de aquellas formas de vida correspondientes a estos grupos discriminados, según el principio del derecho a iguales libertades subjetivas. El papel del Estado social de derecho es, precisamente, establecer disposiciones jurídicas que sean neutras frente a la condición de los grupos discriminados, es decir, que no regularicen normativamente la discriminación en el orden legal. Es más: que en lugar de ello, fomente activamente el respeto a determinadas concepciones de la vida.

El Estado democrático de derecho, por su parte, debe tratar a los sujetos de derecho ofreciéndoles la garantía de iguales libertades subjetivas, de acción y de pensamiento –bajo la forma de la normatividad jurídica de los derechos fundamentales–, de tal suerte que en los casos de conflicto o negación de estos derechos fundamentales corresponda a los tribunales su decisión. La autonomía del individuo para optar por una u otra forma de vida debe estar protegida jurídicamente por el Estado, de tal suerte que nadie sea forzado en la realización de su proyecto personal de vida y sus derechos sean asegurados en el trato con los otros. La autonomía pública del Estado democrático de derecho, al resolver en determinada dirección los derechos subjetivos, no significa la obligatoriedad de comportarse intersubjetivamente –vale decir, tener vínculos sociales estrechos– frente a los otros, por habérseles reconocidos sus derechos sociales.

Las distancias sociales para las cuales uno tiene preferencias, de acuerdo con nuestras propias convicciones culturales acerca de la vida, se deben respetar igualmente. El reconocimiento de la reciprocidad ética de los otros, en tanto que portadores de iguales derechos, no implica el mezclarse en sus propias experiencias e historias individuales, sino justamente establecer los límites de la acción individual y el respeto mutuo. Se ve, pues, claramente, que son cooriginarias y que hay conexión directa entre la autonomía pública y privada; y que ello, además, compete al mejoramiento de la desigualdad de condiciones de vida, puesto que una realización plena de los derechos individuales exige del Estado la garantía de la realización individual, también, en el plano social y cultural.

El Estado de derecho no se puede quedar en la mera preservación de la libertad individual, concebida democráticamente, sino que debe ampliarse al ámbito de lo social y la cultura: creando las condiciones apropiadas al desarrollo individual en el contexto social y en el ámbito cultural, fomentando las condiciones de respeto mutuo ante las diferencias culturales y diversas formas de concebir la vida. HABERMAS lo ha expresado de la siguiente manera: "desde cuando tomamos en serio esta conexión *interna* entre Estado de derecho y democracia, es claro que el sistema de los derechos no sólo no es ciego frente a la desigualdad de las condiciones sociales de vida, sino que tampoco lo es frente a las diferencias culturales. El 'daltonismo' de la versión selectiva desaparece a condición de atribuir a los titulares de los derechos una identidad entendida en sentido intersubjetivo"[27].

Por ello, dado el énfasis que en los últimos tiempos se da al feminismo, es que se ha fomentado una equiparación formal de la mujer respecto de su *status* en diferentes ámbitos sociales. Sin embargo, se percibe la desigualdad en el trato real hacia ella, lo cual, a su vez, ha hecho reaccionar al Estado social buscando la igualdad a través de reglamentaciones especiales que tienen que ver con el derecho social, laboral y de familia, concediendo especiales prerrogativas a las mujeres en esos ámbitos. Quedan, de todas maneras, problemas sin resolver, tales como los salarios bajos de las mujeres, el aseguramiento cabal de sus hijos y, ante todo, la feminización de la pobreza. El feminismo lucha contra una cultura dominante, que en todos lados interpreta de modo asimétrico y sin reciprocidad la relación de igualdad entre los sexos; y exige el reconocimiento de las aportaciones y de los intereses específicos de las mujeres. Cuando tiene éxito, no sólo cambia la rela-

---

[27] JÜRGEN HABERMAS. *L'intégration républicaine*, Paris, Edit. Fayard, 1998, p. 210.

ción de desigualdad entre los sexos sino también la comprensión que los hombres tienen de sí mismos.

Al lado de la lucha por el reconocimiento de la igualdad entre los sexos se sitúa la de las minorías étnicas y culturales del pueblo marginal, que exigen del Estado democrático de derecho y de los ciudadanos una conciencia ética regida por el *principio de sinceridad*, que dé cabida a diferentes concepciones de la vida y a diferentes formas de percepción cultural. De tal suerte que corresponde al Estado de derecho establecer las normas adecuadas que regulen los comportamientos acordes a *modos de conductas no homogéneos* en los ámbitos de comunicación espontánea, a través del medio que representa el derecho y buscando los objetivos democráticos de la sociedad moderna. La normatividad jurídica busca insertarse en diversos contextos que tienen un componente ético-político y una connotación discursiva respecto de la auto-comprensión de sí mismos de diversos actores marginales con disposición a concepciones disímiles acerca de la vida deseada y valorada como auténtica.

El Estado social de derecho debe incluir a los excluidos por razón de su pertenencia a una cultura que no es la predominante. Es decir, debe incluir no sólo a las minorías étnicas del pueblo marginal, que enriquecen la diversidad cultural, sino también a aquellos grupos que se automarginan de la cultura dominante. También a ellos el Estado democrático de derecho debe otorgarles iguales derechos subjetivos, de tal suerte que se establezcan las condiciones de su propia autonomía y realización individual.

Hemos tratado el problema de la inclusión de los excluidos, según la ética empresarial del Estado social de derecho, considerado como empresa de servicios, en relación con la pertenencia étnica, sexo y condición social. Por último, vamos a referirnos rápidamente al problema de la inclusión por razones estrictamente morales, religiosas o políticas.

La exclusión por razones políticas está conectada con el desprecio moral que reciben ciertos estratos y sectores sociales, que no juegan un papel decisivo en la organización política y jurídica del Estado y el sistema económico. Con la consolidación de la democracia, después de la Segunda Guerra Mundial, se han ampliado los espacios de participación política de los ciudadanos y se han modificado las formas de representación. Pero no se ha hecho efectiva la legalización de los inmigrantes sino de manera restringida, probablemente para no estimular los flujos migratorios que no son factibles de ser absorbidos por la dinámica de la economía.

Las imágenes del mundo religioso fundamentalista –como es el caso de amplios grupos de musulmanes– y las convicciones éticas predominantes en el sistema empresarial y financiero, que no conciben el mercado en el orden institucional orientado con arreglo a valores morales y jurídicos, son el mayor obstáculo para crear un sentido de la tolerancia indispensable para la disputa racional y para la convivencia entre diversas concepciones contrapuestas. Pero también es cierto que el Estado de derecho y el Estado social de derecho sólo pueden tolerar y operar con formas de vida que se articulen con tradiciones no fundamentalistas. Es decir, el Estado de derecho sólo asegura la coexistencia en igualdad de derechos para formas de vida con un reconocimiento recíproco entre sí: "En las sociedades multiculturales, la constitución del Estado de derecho sólo puede tolerar aquellas formas de vida que se articulan en el medio de dichas tradiciones no fundamentalistas, porque la coexistencia en igualdad de derechos de estas formas de vida supone el reconocimiento recíproco de los diferentes tipos de pertenencia cultural; en efecto, toda persona debe ser reconocida como miembro de una comunidad, en donde la integración se opera a través de una *concepción de bien que no es la suya*"[28].

Inclusión significa asimilación, y ésta se da principalmente a dos niveles. El primero, la asimilación relativa al acuerdo sobre los principios constitucionales que rigen en una nación y que corresponde a la forma como se entienden entre sí los ciudadanos, al constituir la asociación política que es el Estado democrático de derecho. En un segundo nivel, la asimilación se refiere a la disposición de los ciudadanos a aceptar la cultura predominante y requiere los procesos de interiorización de valores y prácticas en punto a las costumbres del país. Esta asimilación se refiere a la identificación colectiva con la cultura predominante.

El Estado democrático de derecho logra la inclusión de los ciudadanos, en los dos niveles mencionados, sólo en la medida en que establezca un Estado social de derecho que resuelva y atienda las necesidades de la totalidad de los excluidos. Sin embargo, lo que no es lícito reclamar es la inclusión obligatoria a la cultura política predominante. Sólo se debe exigir el respeto y la asimilación del Estado democrático de derecho en su primer nivel de aceptación de los principios constitucionales. De esta manera, puede el Estado democrático de derecho legitimarse, protegiendo la identidad de todas las culturas –siempre y cuando no constituyan una amenaza potencial o real a la integridad del Estado y

---

[28] HABERMAS. *L'intégration républicaine*, cit., p. 229, cursiva nuestra.

de la nación– y concepciones de la vida, promoviendo el reconocimiento recíproco entre las diferentes maneras de orientarse en el mundo social.

III. La compensación de la incompetencia

Las libertades básicas y los derechos fundamentales no pueden ser puramente formales. El derecho a la vida es un derecho fundamental que ha ampliado su significado en el ámbito del Estado social de derecho. Si bien es cierto que una concepción de la justicia parte de la *posición simétrica* de los ciudadanos, con las correspondientes restricciones, que razonablemente no desvían el principio de igualdad, también es cierto que cada ciudadano está representado en el diseño de la estructura básica de la sociedad, que se asegura mediante el sistema jurídico. Son precisamente las partes implicadas en la organización del sistema jurídico las que deciden entre principios alternativos, como los que se refieren a dar preeminencia al Estado social de derecho o al Estado democrático de derecho, en donde el uno se haga corresponder con el otro, en un sistema de complementariedad, sin las ambivalencias a que nos hemos referido.

Las partes implicadas en el consenso político, que expresa la Constitución, favorecen las concepciones de bien que se ajustan a la búsqueda de un equilibrio armónico de convivencia y que son indispensables para el desarrollo apropiado y el ejercicio pleno del poder legítima y éticamente válido. El establecimiento de las libertades básicas no tienen un contenido meramente individual, sino que se refiere a colectividades que disfrutan de él; y por lo mismo, debe propender en consecuencia a la previsión de los medios materiales requeridos por las personas, atendiendo a las limitaciones debidas a su incompetencia. La aceptación de las libertades básicas y su prioridad dependen en buena medida de la complementariedad con otros principios de igualdad, en el plano social, que faciliten una participación justa en el acceso a los medios y recursos económicos.

Es un hecho reconocido que la pobreza y la ignorancia impiden a los ciudadanos ejercer plenamente sus derechos y beneficiarse de las oportunidades y vías de acción legalmente protegidas. De cierta manera, esta restricción de la libertad sirve a la utilidad de las personas que puedan usufructuar de ella, como las élites globalizadas. Pero lo que no se puede aceptar, en una concepción de *justicia distributiva*, es la negación de los bienes primarios y los ingresos indispensables que sirven de medios para que los ciudadanos y residentes de hecho puedan acogerse plenamente al marco de las libertades y oportunidades establecidas para todos. Al decir de RAWLS, "en la justicia como equidad (*fairness*), por consiguiente, las libertades básicas iguales son las mismas para cada ciudadano, y la pregunta de cómo *compensar* una menor libertad no se suscita. Pero, el valor, o la utilidad, de la libertad no es igual para cada quien. En la medida en que lo permite el principio de diferencia, algunos ciudadanos tienen, por ejemplo, mayores ingresos y riqueza, y por consecuencia mayores medios para lograr sus fines"[29]. Es decir que la libertad resulta más útil para unos que para otros: se benefician mayormente de la libertad aquellos que disponen de

---

[29] JOHN RAWLS. *Political liberalism*, New York, Columbia University Press, 1993, p. 326, cursiva nuestra.

mayores ingresos y riqueza, ya que cuentan con mayores recursos para el disfrute libre de sus privilegios.

En términos muy sencillos, no puede haber libertad con hambre, pues el acoso de la necesidad impide la realización mínima de los deseos. Si la libertad se entiende como una apropiación de bienes por parte del individuo sin ninguna restricción por parte del Estado, es evidente que sólo hay libertad de apropiación por parte de los dueños de la riqueza. No obstante, la sociedad subprivilegiada y el "pueblo de refugiados" estarían mayormente restringidos cuanto mayor y más acentuada sea la desigualdad social y económica, que se mide según parámetros de economía de distribución de los ingresos. Un modelo de desigualdad acentuadamente inequitativo minimiza las condiciones de la libertad. Corresponde, pues, al Estado social de derecho aumentar al máximo posible la disposición de bienes y servicios primarios para que los subprivilegiados y marginados puedan acceder al ejercicio de las libertades básicas en pie de igualdad; ello significa establecer las condiciones para el ejercicio y goce pleno de la ciudadanía.

Se requiere, pues, una compaginación, una combinación de la libertad y la igualdad de manera coherente y racional, de tal suerte que la definición de las libertades básicas sean consecuencia del diseño del Estado social de acuerdo con los principios de sinceridad, inclusión, reciprocidad y simetría. La asignación de un valor justo a la correlación entre libertad e igualdad depende de la neutralidad del sistema jurídico para establecer los procedimientos adecuados, impidiendo que las grandes concentraciones de poder económico y social impongan sus intereses particulares y hagan depender el control gubernamental y la organización burocrática de sus orientaciones.

La compensación se logró a través del desarrollo del Estado moderno, que fue acompañado e iluminado por una teoría política que supo reflejar las nuevas realidades derivadas de las secuelas innumerables del desarrollo industrial. Sobre todo, supo reaccionar ante los problemas de la industrialización, buscando soluciones jurídicas, éticas e institucionales. El Estado social moderno es el antídoto constitucional que facilita la domesticación democrática y jurídica del poder arbitrario y de la tendencia autoritaria de las élites empresariales transnacionales que dominan el mundo globalizado.

CAPÍTULO CUARTO

UN NUEVO DERECHO SOCIAL FUNDAMENTAL DE LA PERSONA INMIGRADA: LA RENTA MÍNIMA DE INSERCIÓN

Cristóbal Molina Navarrete
Catedrático de Derecho del Trabajo y
Seguridad Social en la Universidad de Jaén

Introducción. La actualidad del debate sobre las rentas activas (universales o de inserción)

Ciertamente asistimos hoy a una creciente proliferación de colectivos o grupos enteros de personas notable y notoriamente excluidos de los principales instrumentos de integración social, como son la conclusión de una relación salarial o la titularidad de una prestación del sistema de seguridad social. Pero no menos cierto es que, paralelamente , como ya sucediera con la emersión de la "cuestión social" del siglo XIX –la desintegración social de la "clase obrera"–, se difunde el reconocimiento político e institucional de lo intolerable, injustificable e injusto de esta situación. En efecto, a raíz de la instalación estructural de amplios grupos de personas en situación de precariedad laboral y / o en riesgo de exclusión o marginalidad social, las "teorías del buen gobierno" a través de la facilitación de oportunidades para todos y la reducción de la vulnerabilidad de la población, definirían la estrategia más reciente de las políticas de desarrollo, cuya evolución ha sido subrayada por instituciones poco sospechosas de "progresismo ineficiente"[1].

La concurrencia de este dato fáctico (realidad social) y político-institucional (asunción, con mayor o menor sinceridad, por los Estados y la sociedad organizada internacional) ha puesto de actualidad un debate sobre el lugar del trabajo, esto es, el acceso al empleo competitivo, en la construcción de la identidad social y en la distribución de la riqueza colectiva. Conscientes de la existencia de los citados fenómenos de exclusión y del surgimiento de distintos fenómenos de precarización del empleo, economistas, sociólogos, filósofos, juristas... vienen proponiendo un conjunto de medidas redistributivas denominadas "subsidio universal"[2].

Pues bien, no cabe duda de que dentro de estos colectivos excluidos, o en situación de vulnerabilidad, ocupan un lugar "de privilegio" un significativo número de *inmigrantes* en situación administrativa "regular" y todos los inmigrantes en situación irregular. Estas personas, considerados como "no ciudadanos" o "ciudadanos de segunda", ven rígidamente condicionado su derecho a una renta por la obtención o no de un puesto, cualesquiera que sea sus condiciones de trabajo, de modo que su derecho "humano" a estar y existir en un determinado territorio queda sometido a este pre-

---

1 Cfr. Banco Mundial. *Informe sobre el desarrollo mundial 2000/2001. Lucha contra la pobreza*, Madrid, Edit. Mundi Prensa, 2001, p. 6.

2 R. GISBERT y D. RAVENTÓS. "El subsidio universal garantizado: notas para continuar con razones (respuesta a un artículo de Mientras Tanto)", en *Mientras Tanto*, 67, 1996/1997, pp. 84 y 85. Cfr. D. RAVENTÓS. *El derecho a la existencia. Una propuesta del subsidio universal garantizado*, Barcelona, Edit. Ariel, 1999.

supuesto: el acceso al mercado de trabajo ("mercantilización plena"). Consecuentemente, la coherencia del actual debate en materia debería llevar a situar entre los colectivos especialmente beneficiados de la titularidad de este derecho social fundamental, vinculado al derecho humano a existir, a los inmigrantes, al margen de su situación jurídico-administrativa, incluyéndose como un elemento primordial del eventual "derecho social a inmigrar".

Ahora bien, al mismo tiempo ha saltado en España, y en general en los países de la Unión Europea, el debate sobre la denominada modernización de los sistemas de protección social, en la dirección de reestructurar las políticas pasivas en activas, convirtiendo prestaciones pasivas (subvenciones o garantía de ingresos) en activas (rentas activas de inserción o de empleabilidad). Consecuentemente, se ha reactivado social, normativa e institucionalmente el debate sobre las conocidas "rentas mínimas de inserción", también conocidas como "salarios sociales", que, originarias de la experiencia francesa, tuvieron amplio seguimiento en otros países europeos, incluido España, si bien en la forma político-institucional de prestaciones de asistencia social de origen autonómico –lo mismo sucedió en Italia, otro país fuertemente "regionalizado" o territorialmente descentralizado–.

Si las primeras cuentan con un creciente fundamento discursivo o doctrinal, así como un cada vez mayor movimiento social de apoyo, estas segundas, más criticadas en el ámbito de las políticas sociales "maximalistas", aparecen absolutamente consolidadas en la legislación como auténticos derechos sociales de ciudadanía, limitados aún en su práctica por razones personales pero con clara vocación universalista. En este sentido, relevante es, entre otras, la muy reciente Ley de Renta Mínima de Inserción madrileña (Ley 15 de 2001, 27.12), que ha sustituido el requisito de la nacionalidad, presente en la anterior regulación del ingreso madrileño de integración, para exigir únicamente el de la residencia legal en la Comunidad. Aunque esta previsión se revela excluyente respecto de los inmigrantes en situación irregular, salvo las matizaciones que luego se harán, no cabe duda que es un ejemplo de la existencia de un nuevo sector normativo y prestacional orientado a mitigar o paliar, si no propiamente corregir, situaciones de exclusión social crecientes entre personas no nacionales y sus respectivas unidades de convivencia.

Si a estos argumentos discursivos y normativos añadimos las potencialidades abiertas por el, paradójicamente denostado, artículo 14 de la Ley Orgánica sobre Derechos y Libertades de los Extranjeros en España y su Integración Social (LOEXIS), cuyo apartado 3.º reconoce a todos los inmigrantes, cualquiera que sea su situación administrativa, acceso a las "prestaciones básicas" del sistema, es posible proyectar estas instituciones a los inmigrantes como colectivo, al margen de su situación. O cuando menos es posible plantear, no ya en el terreno meramente teórico o de *lege ferenda*, con ser esto importante, la concreción a nivel legislativo de lo que es un auténtico derecho social fundamental: el *derecho social fundamental a la renta mínima de inserción de cualquier persona* que se encuentre y conviva en nuestro territorio, incluidos también los inmigrantes, por supuesto. Este derecho sería proyección del artículo 15 de la Constitución española (CE).

Este precepto, como es sabido, es considerado por el Tribunal Constitucional español como de aplicación general e incondicionada a todas las personas. Dentro de la clasificación tripartita realizada por este alto tribunal, el derecho a la renta mínima de inserción se incluiría, por tanto, entre aquellos que no pueden ser ligados o determinados por la situación administrativa de las personas. Los comentaristas más reputados de este precepto no dudan en modo alguno en vincular al contenido esencial del derecho a la vida, e incluso a la integridad moral, de la persona una cobertura mínima de sus necesidades materiales de existencia, lo que es, en última instancia, la renta mínima de inserción –realidad normativa–, o lo que sería, en el futuro, la renta universal[3].

De este modo, con tales precisiones se actualizaría en el plano normativo la teoría que denominamos de *doble cupo*: el cupo de *mercado* –políticas de regulación de flujos laborales a través de las personas requeridas por el mercado competitivo, por supuesto en condiciones de igualdad una vez que han accedido al empleo– y el *cupo de la solidaridad* –políticas de regulación de flujos sociales a través de un grupo de inmigrantes beneficiarios de políticas de inclusión o inserción social–. De esta manera, el principio de cohesión social presente y que arma nuestro Estado social de derecho encontraría una nueva y fecunda, aunque no definitiva ni óptima, realización. El fundamento de estas políticas con carácter general está en los artículos 1.1 (valor justicia social y pluralismo), 9.2 (principio de efectividad de la igualdad) y 10.º (tutela de la dignidad de la persona en el marco de un nuevo derecho social humanitario internacional que tiene como unos de sus ejes el derecho a inmigrar: el derecho a venir, a ser acogido y a insertarse en la sociedad de destino o "de acogida").

---

[3] Cfr. "Comentario al artículo 15 CE", en *Comentarios a la Constitución Española*, O. ALZAGA (dir.), 2.ª ed., Madrid, Edit. Edersa, 1996.

I. DOS MODELOS DE RENTAS DE CIUDADANÍA: EL MODELO UNIVERSAL Y EL MODELO "CONTRAPRESTACIONAL"

Quizás antes de entrar en el específico objeto de nuestro análisis convenga realizar un mínimo comentario de las similitudes y diferencias entre ambos modelos de realización de este derecho a una renta mínima de existencia. Comenzaremos por la denominada "renta básica" o "renta de ciudadanía" a secas.

A este respecto, como sugiere VAN PARIJS, uno de los promotores del subsidio universal, se trata de avanzar "más allá de la solidaridad" y "superando el Estado Providencia" para instaurar un nuevo sistema, enormemente ambicioso, de reparto de los recursos de cualquier naturaleza de los que dispone la sociedad[4]. Una de las ideas más notables presentadas, originariamente por este autor junto con VAN DER VEEN, y anunciada como una vía capitalista al comunismo, es la que consiste en asegurar a todos los individuos un ingreso suficiente para satisfacer sus necesidades básicas, que sea independiente –incondicional– respecto de trabajos actuales o pasados, de sus necesidades particulares, etc.

Los presupuestos a partir de los cuales se formula esta propuesta son los siguientes. Primero, la existencia de una situación de desempleo estructural y no meramente coyuntural. Segundo, el hecho de que (al menos en el mundo desarrollado) la sociedad ya habría llegado a un nivel de abundancia relativa como el que resulta precondición para la instalación de una sociedad comunista.

---

[4] P. VAN PARIJS. "Au delà de la solidarité: les fondements éthiques de l'État-providence et son dépassement", en *Futuribles*, 184, 1994, pp. 5 a 31.

La institución que estudiamos –en sus distintas tipologías ya mencionadas– se caracteriza por asignar a toda persona, en principio desde su nacimiento y hasta su muerte, un subsidio que estaría totalmente desconectado de cualquier obligación o condición previa. Ello supone el sometimiento a los siguientes principios: la universalidad, la incondicionalidad y la individualización.

Las justificaciones que se han buscado a la necesidad de implantar este tipo de ingresos las sitúa una primera corriente en la obligación de toda sociedad de asegurar a todos la satisfacción de las "necesidades esenciales". La directa y desnuda referencia a la dignidad de la persona, como valor superior y como derecho humanitario, determinaría en sí misma la condición de ciudadanos de los beneficiarios. Desde esta perspectiva, el concepto de ciudadanía, en otro tiempo de claro significado excluyente, ahora recobraría su primigenio sentido integrador o de pertenencia, abarcando a todos aquellos que tienen dignidad de persona, esto es, a todos los seres humanos.

Otro sector doctrinal justifica esta fórmula en el profundo cambio que está operándose en las relaciones productivas, donde los conocimientos que sirven para el desarrollo de la actividad laboral son mucho más amplios que los que se retribuyen mediante el salario: el capital humano está formado por toda una serie de inteligencias, informaciones y saberes acumulados y constantemente actualizados durante la existencia de la persona y fuera de la empresa. Ello justifica que, junto a la remuneración directa, se prevea una subvención universal que retribuya este esfuerzo individual.

El tercer nivel de justificaciones se construye sobre un argumento filosófico o incluso ético, que parte de la predicción de que, tras la era del trabajo, se atisba la época de las actividades libres. Ello parte de atribuir a todo ciudadano –y al ir destinado a todos evita la estigmatización de unos pocos– un "ingreso de ciudadanía", incondicional, dado que se parte de que no es posible hacer reposar la identidad personal y la integración social solamente en la organización actual del trabajo[5].

El modelo realmente practicado, al menos de forma abrumadoramente mayoritaria, es bastante diferente, como por lo demás ha sido habitual en las principales instituciones del "Estado de Bienestar pasivo". Las principales diferencias están tanto en el carácter limitado o selectivo que, no obstante su vocación universalista, sigue teniendo, entre otras cosas al exigir la residencia legal –aunque no ya la nacionalidad–, cuanto en su carácter condicional, lo que exige prueba de necesidad o carencia de recursos, así como un compromiso específico de inserción. Precisamente, este compromiso o "contrato de inserción" sería la contrapartida del derecho a la renta, si bien ha de entenderse que la inserción no sólo es un deber, formalizado o documentado a modo de compromiso "contractual", sino que es igualmente un derecho, que requiere articular todo un servicio socio-público destinado a realizar el derecho (dimensión institucional de la prestación técnica o de servicios)[6].

---

[5] Una atinada crítica en R. GARGARELLA. *Las teorías de la justicia después de Rawls. Un breve manual de filosofía política*, Barcelona, Edit. Paidós, 1999, pp. 118 y 119.

[6] Por todos, J. L. MONEREO PÉREZ y C. MOLINA NAVARRETE. *El derecho a las rentas mínimas de inserción*, Granada, Edit. Comares, 1999.

II. Fundamento ético-social: la teoría del doble cupo en el Estado de Bienestar "activo"

Como es sabido, la ordenación actual de las políticas de extranjería e inmigración están asentadas, en todos los países europeos, en el dominio de dos elementos: el policial –primacía del valor seguridad ciudadana– y el económico –primacía de las necesidades de los mercados de acogida–. La consecuencia no es sólo el abrumador predominio de las instituciones de orden público –gobierno policial de la miseria–, sino la plena mercantilización o cosificación del inmigrante como pura "mano de obra". El instrumento de los contingentes es la máxima expresión de esta opción de política del derecho, hoy claramente reflejada, no sin contradicciones y aperturas, conviene subrayarlo, en la LOEXIS y en la normativa comunitaria.

Ahora bien, junto a este "cupo de mercado" es igualmente oportuno enfatizar la necesidad de diseñar, en aplicación o concreción de otros valores que sirvan de compensación, como imperativo de cohesión, otro "cupo de solidaridad social". Los valores fundamentales que presiden no ya nuestro ordenamiento constitucional, sino el orden humanitario social internacional, entre los que se sitúa ahora –por cierto sin ninguna novedad, porque hace más de 500 años ya se recogió tal derecho por uno de los más insignes juristas iusnaturalistas españoles– el *derecho a inmigrar*. En el contexto de una reconstrucción del Estado desde sus relaciones exteriores a la luz de este derecho social internacional, este cupo no constituye ninguna utopía, ninguna propuesta irreal, sino absolutamente obligada, tanto desde una integración o globalización mundial de verdad basada en el derecho internacional como en nuestro propio derecho constitucional.

Aunque se ha dicho que no hay ninguna razón para ser optimistas, antes al contrario, las políticas internas e internacionales irían por otro lado, tal y como se plasma en recientes leyes –por ej., italiana y austriaca–, estimo que al mismo tiempo existen argumentos que permiten confiar en una dirección diferente. Entre estos argumentos estaría la penetración creciente de la racionalidad material o sustancial en las formas de derecho internacional positivo, con la recuperación de valores como la dignidad o la justicia al mismo nivel y con la misma incisividad que en el derecho constitucional.

El derecho constitucional aplicado en esta dimensión más global y abierta –art. 10.2– tiene una función no sólo crítica sino normativa, de construcción de las instituciones jurídicas, insoslayable también en el ámbito da la extranjería y, sobre todo, de la inmigración. Este ha sido un ámbito excesivamente excluido del análisis jurídico, pero ahora exige una nueva lectura constitucional a la altura de los tiempos, esto es, libre de la falacia realista –reducción de la norma al hecho– y de la falacia normativista –reducción de la realidad al texto–.

III. Fundamentos jurídicos de la propuesta: el nivel constitucional y el nivel legal

Hechas estas breves referencias al que denominamos fundamento ético-jurídico y social –valor solidaridad concretado en el doble cupo de inmigrantes–, nos queda introducirnos, siquiera brevemente en este marco, en los denominados fundamentos jurídico-positivos. A este respecto, ya adelantábamos que es, cuando menos, doble el fundamento del derecho. En primer lugar, *constitucional*: el derecho a la renta mínima de inserción como expresión del derecho a la existencia (art. 15

CE). Y en segundo lugar, *legal*: el artículo 14.3 LOEXIS define el derecho universal a acceder a prestaciones básicas del sistema, entre las que hoy puede, y debe, considerarse el derecho a la renta mínima de inserción, en su doble estructura normativa y operativa: derecho al ingreso, derecho a servicios de apoyo personal a la inserción por lo económico.

Doctrinalmente se ha venido señalando que el artículo 14.2 LOEXIS se caracteriza por una manifiesta e incomprensible falta de precisión, lo que provoca indudables desajustes con la Ley General de la Seguridad Social y con otras normas. En concreto, el problema de fondo es que aquel precepto alude a una dualidad nada fácil de descifrar: esto es, a los servicios y prestaciones generales y básicos y a los específicos. Dicho encriptamiento normativo resulta, a juicio de la doctrina, tanto más relevante si se toma en consideración que la legislación sustantiva reguladora de estas materias no diferencia con claridad entre ambos niveles.

En íntima conexión, el artículo 14.3 LOEXIS reconoce el derecho de los extranjeros, "cualquiera que sea su situación administrativa", a los servicios y prestaciones sociales de carácter "básico", sin que haga mención alguna a la equiparación con los españoles. El problema es determinar qué ha de entenderse por básicos.

Podría parecer claro que, en un sentido estricto, tal noción debe incluir todos aquellos que aseguren los mínimos vitales necesarios para la supervivencia y para atender unas necesidades sin las cuales no puede hablarse de una vida digna: así, por ejemplo, la atención sanitaria –lo cual cobra especial relieve en el caso de que los extranjeros no estén ni siquiera empadronados–, la vivienda, la educación, la alimentación o la asistencia en casos de especial necesidad.

Sin embargo, esta interpretación no es la más aceptada por el momento, pues para interpretar qué debe entenderse por servicios sociales básicos, diferenciados de los específicos, tiende a recurrirse a las leyes autonómicas de servicios sociales. En estas leyes se diferencia entre servicios sociales básicos (de base, generales, comunitarios, o de atención primaria) y servicios sociales especializados (específicos, de atención especializada), designando los primeros aquellos "servicios de carácter polivalente, no sólo para colectivos especialmente vulnerables, sino para toda la población, que se sitúan en el primer nivel de proximidad al ciudadano, ofreciéndole información y participación, detectando sus necesidades sociales, atendiendo sus inmediatas carencias o primeras demandas".

En efecto, las actividades de información, valoración y orientación, a través de las cuales se materializan estos servicios sociales, así como las de promoción y cooperación social, no se concretan necesariamente en prestaciones personalizadas, "sino que se trata de prestaciones o actividades dirigidas a la comunidad en general y de las que sólo puede hablarse de beneficiarios indirectos", a diferencia de los servicios sociales especializados que se dirigen a beneficiar a determinados colectivos de personas perfectamente identificables por unas concretas situaciones o carencias[7].

---

[7] Ciertamente, los servicios sociales de atención primaria o básicos, concepto que puede entenderse mejor oponiéndolo a su contrario, el de servicios sociales especializados, responden a las siguientes necesidades básicas de la persona: necesidad de información para promover la igualdad de oportunidades y evitar procesos de marginación; necesidad de accesibilidad; necesidad de convivencia en un momento en que ésta se ve sometida a factores de riesgo; necesidad de cooperación, especial-

La práctica totalidad de los textos legislativos define los servicios sociales generales o comunitarios como aquellos que, con carácter global y polivalente, tienen por objeto promover y posibilitar el desarrollo del bienestar social y la calidad de vida de todos los ciudadanos, orientándolos cuando se considere preciso hacia los servicios especializados. Constituyen el nivel primario o básico del sistema de acción social, por lo que se configuran como el punto de inmediato acceso de los ciudadanos al sistema. Respecto a sus prestaciones, con mayor o menor nivel de desarrollo, todas ellas son bastante coincidentes en darles el mismo ámbito de actuación en las siguientes áreas: a) información, valoración y orientación; b) promoción y cooperación social; c) ayuda a domicilio; d) convivencia y reinserción social[8].

La actividad de *información, valoración y orientación* tiene por objeto prestar información, orientación y asesoramiento a los ciudadanos en relación con los derechos y recursos sociales existentes para la resolución de las necesidades que planteen, y la recogida de información orientada hacia una posterior planificación. Las Leyes de Madrid y Canarias añaden, además, como objeto de esta actividad el declarar la procedencia, en su caso, de las prestaciones aplicables.

La actividad de *promoción y cooperación social* está encaminada a potenciar y desarrollar la vida de la comunidad, faci-

---

mente en una sociedad que ha perdido sistemas genuinos de protección como son la solidaridad vecinal o la amistad; o necesidad de participación; necesidad de reinserción de los llamados grupos de riesgo; necesidad de protección en una sociedad que cada día nos despierta con nuevas agresiones psíquicas y físicas hacia sus miembros más débiles.

8 Sí suele haber diferencias en la forma o técnica utilizada para describir estas funciones o áreas de actuación.

litando la participación en tareas comunes e impulsando la iniciativa social, mediante el favorecimiento de la toma de conciencia de los ciudadanos sobre sus problemas y la búsqueda de soluciones. La actividad de *ayuda a domicilio* tiene como objetivo prevenir situaciones de crisis personal y familiar, prestando en el propio domicilio atenciones de carácter doméstico, social, de apoyo psicológico y rehabilitador, a individuos o familiares en situación de necesidad, para facilitar la permanencia y la autonomía personal en el medio habitual.

La actividad de *convivencia* se dirige a prestar alojamiento temporal o permanente a personas carentes de hogar o con graves problemas de convivencia a través de residencias, hogares sustitutivos y viviendas tuteladas. Asimismo define y pone en marcha programas ocupacionales de rehabilitación social para estos colectivos.

Cada comunidad autónoma tiene distinto nivel de competencias en materia de derechos de protección social, por lo que la actuación de ellas no es uniforme. Por el momento, su actividad no se ha orientado tanto a la producción normativa, sino a la elaboración de planes de actuación sobre los inmigrantes. Todavía son muy escasos los planes aprobados[9]. El Plan Integral de Atención a la Inmigración de las Illes Balears gira sobre tres grandes ejes: garantizar los derechos y libertades democráticas de las personas inmigrantes; mejorar las condiciones de vida de los inmigrantes, haciendo posible el acceso a los diversos sistemas de bienestar social

---

[9] En concreto, el Plan Regional para la Inmigración 2001-2003 de la Comunidad de Madrid, aprobado por la Asamblea de Madrid el 7 diciembre de 2000. También las Comunidades de Cataluña (1993) e Islas Baleares (2000), así como Andalucía (2002).

sin ningún tipo de discriminación; y promover el conocimiento mutuo entre la sociedad receptora y los recién llegados como base de un proceso de enriquecimiento social y cultural.

En cuanto al área de actuación del plan, se establecen 12 objetivos generales. Pues bien, entre ellos expresamente se recoge el de "*garantizar el acceso de la población inmigrante a la red pública de los servicios sociales, con el fin de recibir la información, el asesoramiento, el apoyo y las prestaciones básicas*".

Ahora bien, por lo aquí dicho se evidencia que existen servicios sociales orientados a inmigrantes. Pero no se desprende con claridad que también abarquen la prestación singular aquí analizada.

La Ley de Renta Mínima de Inserción madrileña considera al segundo de los derechos que integra esta prestación, el de contar con servicios personalizados de apoyo para la inserción social y laboral, como un servicio social, prestación en sentido técnico, que sólo exige como requisito el de residencia habitual en la Comunidad. Ello comporta que los extranjeros, aunque no tengan aún residencia legal, pueden recibir estas prestaciones: lo que se entiende que, lejos de chocar con el artículo 14.3 LOEXIS, lo realizará plenamente. Entre los servicios de fomento o apoyo estarían los de inserción, aunque no se reduzcan a ellos. Pero a nuestro juicio también la renta mínima, que es un presupuesto no sólo fáctico o material de la inserción sino constitucional y legal, evidencia la necesidad de reconocer a los inmigrantes también, al menos en determinadas circunstancias y garantías –decisión tomada por *los servicios públicos autonómicos de forma complementaria* a los cupos por empleo en sentido estricto–, el acceso a la prestación económica.

SEGUNDA PARTE

LA CIUDADANÍA COMO OPORTUNIDAD Y LA TENSIÓN ENTRE INCLUSIÓN Y EXCLUSIÓN

CAPÍTULO PRIMERO

CIUDADANOS, BÁRBAROS Y EXTRANJEROS: FIGURAS DEL "OTRO" Y ESTRATEGIAS DE EXCLUSIÓN EN LA CONSTRUCCIÓN DE LA CIUDADANÍA EN ARGENTINA

SUSANA VILLAVICENCIO
Profesora de Filosofía y Ciencia Política e investigadora del Instituto Gino Germani de la Universidad de Buenos Aires

I. INMIGRACIÓN, CIUDADANÍA Y CONSTRUCCIÓN NACIONAL

En su texto "¿Para qué la inmigración?", HALPERIN DONGHI se interrogaba sobre las razones del vasto y prolongado consenso que se había producido en el siglo XIX argentino alrededor de la política inmigratoria[1]. En efecto, en el marco de Hispanoamérica, no sólo no hubo otra experiencia de políticas de poblamiento comparable a la argentina –por su amplitud, o por estar basada en la incorporación de hombres libres–, sino que tampoco hubo otras naciones que hayan considerado, de modo tan completo, la inmigración como un instrumento esencial para la creación de una sociedad y una comunidad política modernas. El extranjero ocupa, por este motivo, un lugar fundamental, y no menos paradójico,

---

[1] TULIO HALPERIN DONGHI. "¿Para qué la inmigración?", en *El espejo de la historia. Problemas argentinos y perspectivas latinoamericanas*, Buenos Aires, Edit. Sudamericana, 1998.

en el proceso de formación de la ciudadanía argentina, teniendo en cuenta que con el surgimiento del Estado-nación moderno aparece por primera vez una definición clara del extranjero como el "otro" del ciudadano.

Las respuestas a estos interrogantes no son unívocas, y HALPERIN DONGHI se ocupa de remarcar la complejidad y los aspectos contradictorios de las respuestas. Desde la herencia prerrevolucionaria y los convulsionados años que siguieron a la independencia, a la complejidad de las funciones asignadas a los inmigrantes y las aspiraciones de aquellos sectores que surgen en apoyo del proyecto modernizador, forman parte de estas explicaciones. Sin embargo, ninguno de estos elementos llega a poner en cuestión el proyecto inmigratorio en su totalidad, sino que se traducirán, en definitiva, en las ambigüedades de métodos y objetivos, y en disidencias parciales en torno a las propuestas de modernización[2].

Pero no son las explicaciones que la lectura de la historia puede aportar a la clarificación del lugar de la inmigración en la ciudadanía argentina las que interesan en este trabajo. La historia política de la ciudadanía es también la historia de su concepto, que es cambiante y encierra las confrontaciones que determinaron los límites de su definición. Como argumenta ÉTIENNE BALIBAR, el sistema de inclusión/exclusión que es propio del *status* de ciudadanía no es de carácter lógico sino histórico, y la frontera que separa el adentro y el afuera de esta pertenencia política es objeto de lucha y está expuesto a transformaciones[3].

---

[2] HALPERIN DONGHI. Ob. cit., p. 193.

[3] ÉTIENNE BALIBAR. *Les frontières de la démocratie*, Paris, Edit. La Découverte, 1992, p. 100.

De modo que, en primer lugar, cabe señalar que si bien la ciudadanía ha jugado un rol fundamental en los años posteriores a la independencia, ha sido más bien un ideal a alcanzar, una identidad política a construir a la par del proceso de formación de la nación. SARMIENTO retoma, en *Recuerdos de provincia*, el sentimiento de soledad que acompañaba a aquellos republicanos argentinos una vez producida la ruptura con el régimen colonial. No había, a su juicio, ni instituciones ni hábitos en el pasado colonial sobre los que apoyarse, ni menos aún en la naturaleza americana, para construir el orden político deseado: "Al día siguiente de la revolución, nosotros debíamos mirar por todos lados, buscando con qué llenar el vacío que debía dejar la destrucción de la Inquisición, el fracaso del poder absoluto, la reducción a nada de toda forma de exclusión religiosa"[4]. La revolución en América del Sur nacía sin herencia y debía construirse desde la nada. El pensamiento político del siglo XIX da cuenta de la perplejidad y la desconfianza de las clases dirigentes ante la resistencia de las masas nacionales, producto de la "naturaleza americana" y de las prácticas heredadas del colonialismo, a las formas modernas de organización política, una vez producida la ruptura del vínculo colonial.

Las élites políticas de las que emerge el proyecto de nación interpretarán esta situación en términos de oposición: "civilización / barbarie", "república posible / república verdadera", para mencionar las célebres fórmulas de SARMIENTO y de ALBERDI. Convencidos de la legitimidad de la propuesta

---

[4] DOMINGO F. SARMIENTO. "Recuerdos de provincia", en *Obras completas*, t. III, Buenos Aires, Imprenta Mariano Moreno, 1900, p. 172.

implementarán los medios para resolverla: modernización del país, educación y un papel central adjudicado a la inmigración como "aporte directo" de nuevos hábitos y nuevas mentalidades que permitieran acortar la brecha entre el ciudadano –sujeto soberano del pacto político– y el (im)posible ciudadano, el "otro", aquel que no acepta o que se mantiene al margen de las ideas políticas modernizadoras.

Sin embargo, este lugar del extranjero en los "proyectos de nación" y en las políticas llamadas a cristalizarlos no se mantendrá a lo largo del proceso de institucionalización del país. Los primeros años del siglo XX registran la sorpresa y la sospecha ante la afluencia de los extranjeros que, en número creciente, se instalaban en estas costas. El fuerte impacto que la masividad de la inmigración produjo sobre las élites dominantes, despertó el temor al quiebre de una cultura nacional homogénea que estaba en vías de construirse. Serán motivos de esa reconsideración del extranjero, por una parte, las fallas en la implementación de la política que hace que muchos inmigrantes se queden en las ciudades ganándose la vida de modo informal; por la otra, la conformación de una masa urbana requerida para el trabajo industrial naciente, pero portadora de ideologías –anarquistas, socialistas– y que amenazaba, por ende, con quebrar la unidad deseada por las élites.

Es en este marco que se ubica nuestro trabajo sobre el lugar del extranjero en la conformación de la ciudadanía argentina. Podemos entonces sintetizar nuestro interés en dos niveles.

En primer lugar, analizar el desplazamiento de la figura del extranjero en el discurso político de las élites dominantes, desde el ideal civilizador a la del extranjero sospechado y criminalizado en tanto portador de ideologías y prácticas disgregantes. Este es el pasaje que va desde los proyectos inmigratorios de SARMIENTO y ALBERDI, y los dispositivos legales e institucionales para su implementación, a la sanción de las Leyes de Residencia (1902) y de Defensa Social (1910).

En segundo lugar, partiendo de la importancia que para la composición social del país ha tenido el flujo de inmigrantes y del imaginario político que dio sustento a la política inmigratoria, nos propusimos interrogar la categoría de extranjero como concepto político[5], traspasando el dato sociológico de la composición social argentina como aluvial, y cuestionando creencias como las del *crisol de razas* o el *melting pot*.

La hipótesis que nos orienta es que los trazos que constituyen al extranjero no pueden ser remitidos a una dimensión natural, sino que son, en primer término, determinaciones jurídico-políticas. Si la figura del extranjero puede vincularse a las formas de la alteridad y del extrañamiento, si puede ser fijado en su diferencia y rechazado como enemigo es porque, previamente, hay una construcción política y jurídica de su figura. En efecto, el extranjero ha sido definido siempre negativamente, como quien no pertenece a un determindo grupo o comunidad. Valga como ejemplo el lugar del *meteco* en la *polis* griega. Pero, si bien hay diferentes experiencias de *extranjeridad*, que abarcan el registro de lo religioso, lo cultural o lo político, el *extranjero* se constituye como no perteneciente a un grupo socialmente estructurado en torno a un poder político. Ya sea que el poder político le acuerde o no ciertos derechos, el extranjero es concebido siempe en términos

---

[5] Para un análisis del extranjero como concepto político, cfr. SOPHIE WAHNICH. *L'impossible citoyen. L'étranger dans le discours de la Révolution francaise*, Paris, Albin Michel, 1997. En una línea de historia conceptual de la ciudadanía, cfr. PIERRE ROSANVALLON. *Le sacre du citoyen. Histoire du suffrage universel en France*, Paris, Gallimard, 1992.

de poder político y de derechos legales, y representa un elemento de consolidación o de peligro para el poder de un grupo determinado[6].

Por lo tanto, la relación con el extranjero implica siempre una tensión con el grupo político del cual resulta su contraparte, y tanto la exclusión como el rechazo que puede padecer por su condición, deriva de esa construcción previa de su figura política. La consecuencia inmediata es la identificación del extranjero con los rasgos que acentúan el rechazo, como rasgos de carácter atribuidos a la raza, o bien aspectos confesionales, lingüísticos o culturales que lo vuelven inasimilable o peligroso para esa comunidad.

II. BÁRBAROS Y EXTRANJEROS

Con relación a la primera cuestión, este desplazamiento en la representación del extranjero no debe ser visto como una oposición fija, sino como una tensión que implica ideas y acciones, figuras y movimientos, demarcaciones de un adentro y un afuera de la ciudadanía que iba delimitando sus fronteras conceptuales al paso de la formación de la nación. De este modo, si en un primer momento las propuestas de las élites se fundan en la necesidad de construcción de la nación, el extranjero será un factor social determinante en la concreción del ideal de progreso y de civilización proyectado. HALPERIN DONGHI reenvía a la Generación del 37 la fundamentación ideológica del proyecto inmigratorio[7].

---

[6] JULIA KRISTEVA. *Étrangers à nous-mêmes*, Paris, Gallimard, 1998, p. 140.
[7] HALPERÍN DONGHI. Ob. cit.

En efecto, es esta generación clave en la historia política nacional, que concibe la inmigración como un instrumento civilizatorio. Para esta generación, los males del país encuentran su explicación en las grandes extensiones despobladas, y en la existencia de la raza indígena que "como alimento no digerido", en la expresión de SARMIENTO, pesaba en las entrañas de la cultura latinoamericana y ofrecía resistencia al modelo de desarrollo que aquella hacía residir en el trabajo y la industriosidad. El extranjero "ideal" presupuesto en este proyecto puede resumirse en una serie de rasgos como la laboriosidad, la civilidad y el civismo, hábitos que se espera incorporar o más bien implantar en la cultura nativa. Lo "extranjero", comprendido aquí como la diferencia no asimilable, estará representado por el indio o el bárbaro –las razas mestizas de la campaña–, que son consideradas el obstáculo al progreso y la civilización.

Si preguntamos por el origen de la barbarie, una primera respuesta está en el desierto. La imagen del desierto es aquella de la pampa, descripta por SARMIENTO en su célebre *Facundo* de 1845, donde sintetiza el problema argentino en la consigna "civilización o barbarie"[8]. El desierto es un vacío, un lugar donde no hay nada: ni personas, ni plantas, ni vida misma. Hay aquí un imaginario que domina las mentalidades de las élites argentinas en su intento de modelar una nación republicana, porque Argentina no era un desierto. Había un pueblo, pero esta población, compuesta de indios y de gentes con hábitos y culturas coloniales, era para ellas comparable a un

---

[8] DOMINGO F. SARMIENTO. *Facundo* (1845), 4.ª reed., Buenos Aires, Edit. La Cultura Argentina, 1927.

desierto. Ningún lazo social, ninguna condición que pudiese dar sostén al orden republicano que debía instituirse.

Pero para SARMIENTO la barbarie es aún algo más, es el efecto de las ideas igualitarias difundidas por la revolución sobre las masas de la América española, y cuyo destino será el despotismo. El "despotismo igualitario" que domina entre las poblaciones de la campaña –largas extensiones escasamente habitadas comparables a los desiertos orientales– es la subordinación a un jefe incuestionable, el *caudillo*, efecto espontáneo de una agregación de hombres que no reconocen reglas de sociabilidad.

En esta obra, SARMIENTO presenta dos momentos de la revolución: primeramente, las ciudades americanas luchan contra los españoles; luego, lucharán contra la campaña y su política. A partir del triunfo de la política de la campaña, que llamamos el *caudillismo*, toda forma cívica habrá desaparecido. La barbarie es así el fruto del desierto, y también la ausencia de sociabilidad, expresión del dominio del temor y el igualitarismo. La contrafigura de esta situación que degrada el destino de las repúblicas del sur será la América descripta por TOCQUEVILLE, donde la libertad política en la igualdad es posible gracias a los gestos asociativos de la comunidad. Sarmiento ve en *La democracia en América* una utopía a perseguir: una democracia agraria, como condición objetiva, y la educación popular como condición subjetiva del ciudadano virtuoso[9].

¿Cómo construir, entonces, un sistema de valores compartidos, de valores cívicos? ¿Cómo construir también un su-

---

[9] NATALIO BOTANA. *La tradición republicana. Alberdi, Sarmiento y las ideas políticas de su tiempo*, Buenos Aires, Edit. Sudamericana, 1997, p. 270.

jeto político dado que la población argentina es sobre todo un obstáculo? ¿Cómo construir una república sin ciudadanos? Aquí cobra peso la figura del extranjero.

Tanto SARMIENTO como ALBERDI, representantes de la Generación del 37, comparten la creencia en los efectos benéficos del contacto con la civilización y asocian la inmigración directamente al progreso. La metáfora del trasplante, utilizada, entre otros, por ALBERDI, es muy gráfica en ese sentido: "Cada europeo que viene a nuestras playas nos trae más civilización en sus hábitos que luego comunica a nuestros habitantes, que muchos libros de filosofía [...] ¿Queremos plantar y alimentar en América la libertad inglesa, la cultura francesa, las laboriosidad del hombre de Europa y de Estados Unidos? Traigamos pedazos vivos de ellos en las costumbres de sus habitantes y radiquémoslos aquí"[10].

SARMIENTO asigna a los extranjeros un lugar privilegiado en *Argiropolis*, su proyecto utópico de construcción de una capital para los Estados Unidos de la América del Sur: "La emigración del exceso de población de una naciones viejas a las nuevas", dice, "hace el efecto del vapor aplicado a la industria: centuplicar las fuerzas y producir en un día el trabajo de un siglo"; o bien, le reconoce un efecto de "contagio" de aptitudes para el desarrollo: "Nosotros necesitamos mezclarnos a la población de países más adelantados que el nuestro, para que nos comuniquen sus artes, sus industrias, su aptitud al trabajo [...] La tierra que labra, la casa que construye, el establecimiento que levanta, son

---

[10] JUAN B. ALBERDI. "Acción de la Europa en América", en *El Mercurio de Valparaíso*, agosto de 1845, en *Obras completas*, t. III, p. 88.

adquisiciones y progresos para el país, y sus medios industriales, aunque él se vaya, queda el dominio de los conocimientos adquiridos para nosotros"[11].

La Constitución de 1853 plasmará en letra jurídica estas ideas que se forjaron en el pensamiento de las élites. En el artículo 25 sostiene: "El Gobierno Federal fomentará la inmigración europea, y no podrá restringir, limitar ni gravar con impuesto alguno la entrada en el territorio argentino de los extranjeros que traigan por objeto labrar la tierra, mejorar las industrias, e introducir y enseñar las ciencias y las artes".

Los constituyentes establecieron, además, en varios artículos de la Carta Magna (14, y 16 a 21) la igualdad absoluta entre el extranjero, el habitante y el ciudadano. Todos los habitantes de la nación debían gozar de igualdad ante la ley y la justicia; del derecho a la seguridad completa de sus bienes; de entrar, transitar y salir de su territorio; de navegar sus ríos, de comerciar y trabajar; gozaban de la libertad de palabra, de congregarse y asociarse con fines útiles, de enseñar y aprender. Los inmigrantes podían optar por la ciudadanía a los dos años de su radicación en el país, pero no estaban obligados a hacerlo; una vez naturalizado, el extranjero quedaba exento durante diez años de la obligación del servicio militar. Todas estas ventajas y facilidades, conferidas a los inmigrantes, fueron aceptadas sin apelación por la Asamblea Constituyente.

En 1876 se promulgó la Ley 817, Ley de Fomento a la Inmigración, conocida como Ley Avellaneda, y considerada el otro instrumento legal fundamental para la cuestión inmigratoria.

---

[11] DOMINGO F. SARMIENTO. *Argiropolis, o la capital de los Estados confederados del Río de la Plata* (1850), Buenos Aires, Edit. Claridad, 1916, p. 116.

A través de esta ley se crean el Departamento de Inmigración y el Departamento de Tierras y Colonias. Por este medio se extiende una red de agencias de fomento a la inmigración en los países de Europa y se otorgan una serie de beneficios a los potenciales inmigrantes. Argentina se proponía, a través de esta estructura, atraer hacia el puerto de Buenos Aires a los inmigrantes del norte de Europa, especialmente anglosajones, que se trasladaban en forma masiva a Estados Unidos.

Ahora bien, ¿con qué *status* se recibe a estos extranjeros? ¿Cuáles son sus derechos? Aquí las posiciones divergen. Para SARMIENTO los extranjeros tienen también deberes, primeramente el deber de nacionalizarse, de incluirse en la vida política como nacionales y no como extranjeros. Por lo tanto, la política inmigratoria se complementa, en su modelo de nación, con la política educativa, en tanto instrumento de incorporación y de asimilación de los recién llegados. Para ALBERDI, respondiendo a la lógica tutelar de creación de una base social de la república antes de otorgar los derechos políticos, sólo se deben garantizar los derechos civiles de los extranjeros. Para ambos "la extranjeridad", lo que podemos definir como la diferencia inasimilable, estará representada por el indio y el bárbaro, este último resultado de la mezcla de razas que impide el progreso hacia la civilización.

III. Los extranjeros reales

En el segundo momento, que coincide con el inicio del siglo XX, es la idea de "riesgo" la que domina, ya que no sólo se pone de manifiesto la quiebra interna del proyecto nacional de las élites, sino que se vuelve más patente la amenaza que representaba la incorporación de extranjeros para ese ideal homogéneo que sustentaban. Se impondrá entonces con fuerza la figura del extranjero *real*, un sujeto intermedio entre el "extranjero deseado" y el "otro absoluto", el bárbaro. El extranjero *real* encarnará la alteridad no deseada o, aún más, la alteridad rechazada.

En efecto, la inmigración trae consigo "la cuestión social", que supone el cuestionamiento de los males derivados de la industrialización contenido en las demandas de socialistas y anarquistas, y plantea la concomitante necesidad de una política de nacionalización. Es por eso que, además del impacto por el carácter aluvial de los recién llegados, o las aludidas fallas en la distribución de las poblaciones, las ideologías políticas de los inmigrantes representan el núcleo sólido del rechazo hacia ellos.

La modernización en curso ocupará, desde entonces, el centro de la reflexión política sobre la nación, poniendo de manifiesto los dos aspectos problemáticos de la misma: los obstáculos al progreso provenientes del componente estructural americano, por una parte, y las desviaciones respecto de ese orden derivadas del mismo proceso de modernización, por la otra. La interpretación de ambos procesos se hará en el marco de un determinismo biologista que pone en las características de la *raza* y del *medio* el origen de las tendencias que se plasman en las diferentes formas de sociedad.

De esta mirada son representativos, entre otros, los escritos de JOSÉ MARÍA RAMOS MEJÍA y JOSÉ INGENIEROS. En su obra de 1889 *Las multitudes argentinas*, RAMOS MEJÍA hacía manifiestas las perplejidades producidas por la política inmigratoria del proyecto del 80. Apoyándose directamente en LE BON, las muchedumbres, en las que busca la clave de la situación nacional, serán para este positivista argentino "una fuerza fenomenal, vaciada de inteligencia y raciocinio" que se mueve por puro instinto.

El fenómeno de las multitudes, argumentaba, está ligado en nuestro país a la inmigración y a los problemas generados por una presencia que se vuelve por momentos abrumadora o amenazante (la cantidad de extranjeros alcanzaba en el decenio del 80 al millón sobre un total de tres millones y medio de habitantes). "Como son tantos", dice Ramos Mejía, "todo lo inundan: los teatros de segundo y tercer orden, los paseos que son gratis, las iglesias porque son devotos y mansamente creyentes, las calles, las plazas, los asilos, los hospitales, los circos y los mercados"[12].

Por su parte, José Ingenieros –él mismo inmigrante– responderá desde el paradigma positivista a los problemas de integración nacional generados por la inmigración. La construcción de una ciudadanía, argumenta, pone en juego un doble movimiento de inclusión de los nuevos sectores sociales, y de exclusión de aquellos que, definidos desde los instrumentos de la ciencia, quedan fuera de las fronteras de la nación. Una mirada reformista ocupa el lugar de las anteriores concepciones morales acerca de los problemas que enfrenta una sociedad en acelerado cambio, incorporando en su tratamiento los conocimientos aportados por una sociología inspirada en los métodos de las ciencias positivas.

De la mano del higienismo, la ahora llamada "enfermedad social" será combatida según las características que adopten los sujetos sociales que la padezcan. La investigación psiquiá-

---

[12] José María Ramos Mejía. *Las multitudes argentinas* (1889), Buenos Aires, Edit. Guillermo Kraft, 1952, p. 85.

trica y criminológica, central en la formación intelectual de INGENIEROS, opera como metáfora de los factores que degeneran el organismo social y que son síntomas de la crisis y perturbaciones del orden anhelado. En su tesis doctoral, *La simulación de la locura*[13], INGENIEROS muestra el cruce de los problemas sociales y de las perturbaciones mentales en las cuales "la anomalía psíquica del individuo se convierte en causa determinante de su actividad antisocial". Estas conductas antisociales son interpretadas en el cuadro general de la teoría de la *simulación*, categoría a la vez nosológica y literaria de las formas de adaptación al medio. Así, INGENIEROS, citando a PROUDHON, verá en el anarquista un inadaptado que disimula su delito.

Este desplazamiento en la concepción del extranjero se cristaliza en las Leyes de Residencia (1902) y de Defensa Social (1910), que representan el momento de "cierre" en el proceso de construcción de la ciudadanía y de identificación del ciudadano con la pertenencia a la nación. Se fortalece en este proceso una forma de la política que se regula en base a la identidad del Estado-nación y a la delimitación de sus fronteras. JACQUES DERRIDA identifica ciertas formas que asume la política a partir de la actitud ante el extranjero: "No existe, dice, hoy en día en el mundo ningún Estado nación que, como tal, acepte declarar: 'Abrimos las puertas a cualquiera, no ponemos límites a la inmigración'. Todo Estado-nación se constituye a partir del control de las fronteras, a partir del rechazo de la inmigración clandestina y de una estricta regulación

---

[13] JOSÉ INGENIEROS. "La simulación de la locura (1990)", en *Obras*, v. II, Buenos Aires, Edit. Elmer, 1956.

del derecho a la inmigración y del derecho de asilo"[14]. Este momento de cierre de las fronteras, aunque parcial y temporario en el caso argentino, es expresión de las tensiones de una comunidad nacional que se debate entre los ideales republicanos y liberales por los cuales "todo otro" es potencialmente un ciudadano, y la necesidad de preservar la homogeneidad ideológica y política de la soberanía nacional. Sólo entonces "el que viene de afuera" es tratado con la sorpresa y el recelo hacia el extraño, elemento, por otra parte, siempre contenido en la noción de extranjero[15].

El discurso jurídico es iluminador de este proceso. El análisis de los debates parlamentarios de las leyes mencionadas muestra la existencia de un procedimiento discursivo por medio del cual las élites diseñan un determinado modelo de moralidad que excluye al extranjero. El incremento de la aversión y de la hostilidad en las referencias al extranjero, su asimilación a los caracteres mórbidos de la enfermedad, la exigencia de selección del buen extranjero en la frontera, se expresan en una retórica argumental en la que abundan las metáforas de la expulsión: "no deseamos el loco, el alcohólico, el epiléptico..."; o bien, la identificación del extranjero con el anarquista y su reducción a la condición animal: "hay que extirpar ésa que puede llamarse fiera humana", "arrancar el mal de raíz"[16].

---

[14] JACQUES DERRIDA. La deconstrucción de la realidad", C. DE PERETTI (trad.), *Passages*, 57 (1993), p. 60.

[15] Hemos tratado este tema con mayor amplitud en S. VILLAVICENCIO (ed.). *Los contornos de la ciudadanía. Extranjeros y nacionales en la Argentina del Centenario*, Buenos Aires, Eudeba, 2003.

[16] El debate en torno a las leyes de Residencia (1902) y de Defensa Social (1910) ha sido seguido en el *Diario de Sesiones de la Cámara de Diputados*

Estas y otras expresiones, cruzadas por los diputados y los senadores al calor del debate, son harto elocuentes del rechazo al extranjero y de la naturalización de los rasgos que lo tornan inasimilable y, por lo tanto, excluido de la ley y de la ciudadanía. Esta construcción ideológica de las clases dirigentes amenazadas en su integridad identitaria, legitimó la ubicación del extranjero fuera del ámbito de la ley (se debatía si se lo consideraba dentro de la ley, y por lo tanto se lo juzgaba por ella, o si, considerado extranjero, se lo deportaba inmediatamente), excluyéndolo, pero sin quebrar el sentido general de la Constitución, esencial para esa sociedad que se seguía reflejando en el espejo unificador del modelo liberal.

IV. El ciudadano y su otro

En el contexto mundial de hoy la figura del extranjero vuelve a ser fundamental en la determinación de las "fronteras de la democracia"[17]. Ya sea por el comercio, por la guerra o por los movimientos culturales, los pueblos son llevados a encontrarse o a rechazarse. Hay políticas de inclusión "humanitarias", cosmopolitas, universalistas, tanto como crispadas formas de exclusión (xenofobias, nacionalismos, purificación étnica). De allí que nuestro interés por los momentos iniciales de construcción de la ciudadanía política se conjugue con las preocupaciones contemporáneas por el nuevo alcance de

---

(DSD), años 1902 y 1904; y en el *Diario de Sesiones de la Cámara de Senadores* (DSS, año 1902), la Ley de Defensa Social (1910), DSD y DSS, año 1910. Cfr. VILLAVICENCIO. Ob. cit., apéndice documental.

[17] Tomamos la expresión de BALIBAR. Ob. cit.

su significado, en un mundo donde las fronteras nacionales son traspasadas por las nuevas lógicas de la mundialización.

La ciudadanía siempre ha sido una categoría que determina a la vez un dispositivo de inclusión y de exclusión. Si bien a lo largo de su historia –que puede ser pensada como historia de la lucha por la inclusión– son diferentes las categorías de individuos que resultan excluidos, el extranjero constituye en la modernidad la figura más clara de ese "otro" del ciudadano. Como sostiene JULIA KRISTEVA, con la constitución del Estado-nación llegamos a una definición moderna "aceptable y clara" del extranjero: el extranjero es aquel que no pertenece al mismo Estado, que no tiene la misma nacionalidad[18].

En la teoría política moderna, la concepción del derecho natural, y del contrato social, por un lado, y de la soberanía nacional, por el otro, remiten a una paradoja esencial por la cual el individuo descubre su dimensión de universalidad, "la humanidad", en la que funda sus derechos, a la vez que estos derechos sólo serán reconocidos a los miembros del Estado-nación. Esta situación, a la vez constitutiva y paradojal, traerá consecuencias en la definición del adentro y el afuera del concepto de ciudadanía. Ya que todo "otro" es potencialmente un ciudadano y un sujeto con derecho a la política, poner al "otro" afuera, construir al extranjero, será una operación política y jurídica ligada a la soberanía, al reforzamiento de las fronteras y a la relación entre los Estados. Esta tensión inicial que marca la actitud hacia los extranjeros permite cuestionar las posiciones que hacen residir en las

---

[18] Ob. cit., p. 140.

condiciones psicológicas o antropológicas –ya sean de la diferencia étnica, cultural, religiosa– los motivos de la exclusión.

La formación de la ciudadanía en Argentina resulta, a nuestro entender, un buen ejemplo de esa construcción del "otro" como extranjero. Argentina es uno de los países del mundo constituidos por una población principalmente extranjera, el "crisol de razas" que se concibió en los momentos fundacionales. Podríamos decir que, tanto en la concepción de las élites político-intelectuales como en las formas constitucionales que cristalizan los proyectos de nación, la actitud hacia los extranjeros puede incluirse dentro de las llamadas políticas de la hospitalidad. Sin embargo, el proceso de construcción de ciudadanía en nuestro país es interesante, no sólo porque se constituyó como nación de inmigrantes y su identidad es inescindible de ese dato histórico y poblacional, sino porque la experiencia que se dio en términos integracionistas implicó también momentos de exclusión.

Con el inicio del siglo XX se pone de manifiesto la quiebra interna del proyecto nacional de las élites, y se revela la amenaza que representaba la masividad de la inmigración para ese ideal homogéneo que sustentaban. No sorprende que el mismo SARMIENTO eleve sus críticas frente a ese giro no esperado de la política inmigratoria. En su última y controvertida obra, *Conflicto y armonías de las razas en América*, advierte de que los inmigrantes "reales", lejos de resolver los atrasos en que se hallaba la población nativa, lo aumentan con el suyo propio incrementando los conflictos en los que se debatía la emancipación de las sociedades sudamericanas. Así se lamenta en 1884, poniendo en cuestión sus propias ideas de los años anteriores a la organización del país: "Desgraciadamente los emigrantes afanosos por mejorar de condición y enriquecerse, mal preparados como vienen para la vida pública, por no haberla ejercitado en sus respectivos países, agravan el mal, al parecer, lejos de remediarlo"[19].

Se impone con fuerza entonces la figura del extranjero *real*, aquel sujeto intermedio entre el "extranjero deseado" y el "otro absoluto", el bárbaro; este sujeto intermedio encarna la alteridad no deseada o, aún más, rechazada. La misma categoría de extranjero adquiere en el curso de unas décadas el sentido de "civilizador" o de "amenaza", de "ciudadano virtuoso" o de "guarango, fumista, simulador".

Si, como sostiene KRISTEVA, esa tensión entre lo universal de la concepción moderna de los derechos y la particularidad de su asignación está operando en la actitud hacia los extranjeros desde la constitución de los Estados nacionales, Argentina no quedará fuera de esa condición general. Sin embargo, la singularidad de esta formación nacional en Argentina está en el imaginario de sus élites, en cuyo discurso hay una ausencia deliberada de una historia previa, de la lengua o la cultura a la que apelar para cerrar sus fronteras. La gran paradoja de nuestra nación es el haberse soñado y constituido como una nación de extranjeros. Es así que este caso de "invención" de una nación a partir del "desierto" pone de manifiesto de manera ejemplar el carácter político de las fronteras de la ciudadanía y la resignificación constante de sus límites conceptuales.

---

[19] Carta de SARMIENTO a F. M. NOA, Buenos Aires, 1.° de septiembre de 1884, en *Obras completas*, t. XXXVII, Buenos Aires, Imprenta Mariano Moreno, 1900. SARMIENTO cambia su posición frente a la inmigración a partir de 1882; criticará, por una parte, la actitud de los extranjeros que se niegan a nacionalizarse y, por la otra, la afluencia de inmigrantes iletrados y sin hábitos para la democracia.

CAPÍTULO SEGUNDO

LA PARADOJA DE LA CIUDADANÍA EUROPEA

FRÉDÉRIC MERTENS DE WILMARS
Investigador en Derecho Europeo Comunitario en el Institut d'études européennes de l'Université catholique de Louvain (Bélgica) y doctorando en la Facultad de Derecho de la Universidad de Valencia (España).

Más de diez años nos separan del Tratado de la Unión Europea firmado en Maastricht, en 1991, que consagraba, entre otras cosas, la ciudadanía europea. Esta noción, que substituyó a la noción de "natural" comunitario, inspirada por un memorándum español sobre la ciudadanía comunitaria establecido en la perspectiva de la Europa de los ciudadanos, fue objeto de reflexiones iniciadas a principios de los años 80. En realidad, a partir de esta base, se constata que la ciudadanía prevista como tal en los textos normativos europeos queda muy alejada –no sólo por sus condiciones de atribución– de una ciudadanía verdadera cuya creación se vincula necesariamente con la institución de un Estado[1].

Como cualquier ciudadanía, implica derechos y deberes que rigen a los que se benefician. Uno de éstos reside en la

[1] Por ello el contenido de esta ciudadanía demuestra que se ha orientado, por lo esencial, hacia el interior de la Unión Europea y queda limitada en los derechos que confiere.

afirmación, por el artículo 17 del Tratado de la Comunidad Europea (TCE), del principio del derecho de voto y de elegibilidad de los residentes comunitarios que están domiciliados en otro Estado miembro que el suyo, en las elecciones municipales y las elecciones del Parlamento europeo. Para ejercer la ciudadanía el candidato a su titularidad debe tener la nacionalidad de un Estado miembro, lo que implica que los Estados conservan el dominio de las condiciones de atribución de su nacionalidad.

Más de diez años han pasado y el concepto europeo de ciudadanía no ha evolucionado[2]. La condición *sine qua non* del ser ciudadano europeo es todavía un vínculo nacional. Sin embargo, en varios Estados miembros –salvo en los más asimilacionistas en cuanto a la inmigración– se pone sobre los tapetes de trabajo legislativo la cuestión del acceso de los inmigrantes a los derechos políticos elementales (ya que muchos ejercen un derecho político sin saberlo: ¡pagar impuestos!). Las clases políticas han entendido el déficit democrático del sistema representativo de su Estado respectivo debido a una exclusión siempre más importante de componentes de la sociedad civil, déficit que, a medio plazo, podría debilitar la democracia (por ej., las tasas de abstencionismo).

Más allá de la conceptualización jurídica, hay que subrayar la paradoja o el desfase que existe entre la preservación de

---

[2] En este sentido, cfr. los artículos 6.3 del Tratado de la Unión Europea (TUE) que, modificado por el Tratado de Ámsterdam (1997), dispone que la "Unión respetará la identidad nacional de sus Estados miembros", y 17 TCE, también modificado en 1997, que dispone en su primera línea: "la ciudadanía de la Unión será complementaria y no sustitutiva de la ciudadanía nacional".

una ciudadanía "nacionalitaria" que la ciudadanía europea parece legitimar todavía, y la reflexión, en varios países, sobre la oportunidad de disociar la ecuación política *nacionalidad + derecho de voto = ciudadanía*. En cuanto a la ampliación de la Unión Europa, ésta impactará sobre la concepción de la ciudádanía y su vínculo con el concepto de la nacionalidad, como han puesto de manifiesto los trabajos de la Convención dirigidos por el antiguo presidente francés VALERY GISCARD D'ESTAING. ¿Qué significa la proposición de crear una "nacionalidad europea"? ¿Se mantiene la relación tradicional entre ciudadanía y nacionalidad, o la paradoja aferrada en la ciudadanía europea se desvanecerá en una nueva interpretación?

I. Los atributos de una ecuación política y jurídica obsoleta

La mayoría de las tradiciones políticas y jurídicas nacionales hace coincidir los conceptos de ciudadanía y nacionalidad a partir del siglo de los Estados-naciones, y fue la Revolución Francesa la que cristalizó este vínculo. Definiéndose como participativa a la colectividad política, la ciudadanía se declinó por el ejercicio de los derechos políticos y entonces electorales. Con la historia y sus vicisitudes, la ciudadanía se ha depurado de numerosas condiciones de ejercicio. Censitario y después universal, el sufragio electoral se funda siempre en la relación del individuo con la nación. La edad, la formación intelectual, la fortuna o el sexo –masculino– han sido condiciones modificadas o suprimidas, mientras que la nacionalidad constituye todavía una exigencia imprescindible para el ejercicio de estos derechos.

En el vocabulario corriente, la ciudadanía traduce la cualidad de una persona física atenta a los intereses de la colectividad nacional. La nacionalidad tiene, por contraste, un sentido específico preciso: vinculada al concepto de nación, se refiere a un atributo que deriva de la ley, por el que se reconoce la existencia de un vínculo privilegiado entre la persona y el Estado, único sujeto soberano del derecho internacional público. Sin embargo, al igual que la cualidad de ciudadano, posee límites borrosos. Tendiendo a traducir las características culturales comunes de un grupo, se acerca a las del pueblo; en el lenguaje corriente, se asimila de vez en cuando a la cualidad de sujeto o nacional de un Estado. En el derecho del Reino Unido, por ejemplo, opera una confusión entre ciudadanía y nacionalidad visto que el British Nationality Act de 1981 organiza las condiciones que permiten adquirir la cualidad de "*British citizen*". En realidad, cada Estado define libremente "nacionalidad" y "ciudadanía" así como determina soberanamente las condiciones de atribución o pérdida de éstas[3].

Una clarificación de los conceptos de ciudadanía y nacionalidad supone una disociación según sus funciones respectivas. La nacionalidad responde a una necesidad de

[3] La cualidad de sujeto ha sido el concepto central de la definición de la población del Estado en el Reino Unido y, por extensión, en muchos países anglosajones. Traduce, en origen, un vínculo de juramento de fidelidad entre el individuo y el soberano, y explica que el criterio atributivo determinante sea de tipo territorial, en donde el vínculo de juramento de fidelidad supone una autoridad que el soberano puede ejercer. La cualidad de nacional cubre más ampliamente cualquier persona a la que el Estado debe protección, no sólo el nacional sino también las personas que provienen de un territorio bajo el mandato o la tutela del Estado.

identificación del Estado en el derecho internacional público. En cambio, el ciudadano juega un papel residual que sirve generalmente para distinguir categorías de personas en el ordenamiento interno. Respecto a esto, se debe diferenciar a los Estados según que éstos tengan una estructura unitaria o compleja. De hecho, si la ciudadanía puede, en el primer caso, llenar un papel más o menos difuso de explicitación del otorgamiento de algunos derechos o de la imposición de ciertas obligaciones a ciertas categorías de nacionales, es en el seno de estructuras complejas donde el concepto de ciudadanía tiene vocación de cumplir una función distinta de la función de la nacionalidad. Su utilización por el legislador responde a una necesidad específica, la de aislar, en el seno de la categoría de nacionales, una clase determinada de personas. A semejanza de la nacionalidad, esta ciudadanía traduce la existencia de un vínculo de adhesión del individuo a la colectividad. A diferencia de ésta, es objeto de un uso estrictamente interno. En otros términos, sirve para determinar, en el Estado, un grupo de personas; pero en relación al exterior, o sea para las necesidades de las relaciones internacionales, esos sujetos quedan nacionales.

En un Estado federal, la ciudadanía puede servir para definir la pertenencia a la entidad de base con fines puramente internos. Así, en Suiza, si la ciudadanía del cantón predomina sobre la ciudadanía suiza según la Constitución (texto de uso interno), la confusión de los términos desaparece en la ley federal sobre la atribución de la nacionalidad adoptada después de la atribución a la Confederación de poderes en dicha materia.

El recurso al concepto de ciudadano permite al Estado disociar diferentes categorías de personas según su pertenencia cultural o étnica. Generalmente el concepto de ciudadanía está ligado a la pertenencia a un territorio. Así, en Francia, en la época de la Unión y de la Comunidad francesas, el recurso a la cualidad de ciudadano permitió otorgar ciertos derechos de modo no discriminatorio a naturales de Estados independientes de Francia, miembros de la Unión y de la Comunidad, como el acceso al territorio, a la función pública, a los derechos políticos o a las libertades individuales. Esta cualidad marca la pertenencia del individuo a un conjunto político no estatal, manifiesta los vínculos que unen a las poblaciones de los Estados de la Comunidad y simboliza la unidad de la Comunidad. Establece una "inter-ciudadanía", es decir, una asimilación de los naturales de la entidad política a los nacionales de cada Estado miembro.

En cuanto al Reino Unido y Canadá, la *Commonwealth* confirma que un mismo concepto puede tener funciones variables. Sólo la ciudadanía británica otorga un derecho de residencia en el territorio. La cualidad de ciudadano de un territorio dependiente o de ultramar, o la del sujeto británico, conlleva ciertos derechos de voto después de que el interesado haya obtenido una autorización de residencia. En Canadá, en la época cuando la ciudadanía se distinguía de la nacionalidad, se atribuía la primera sólo a la persona que detentaba un derecho de residencia, mientras que la cualidad de sujeto británico no confería ningún derecho al interesado.

La ciudadanía asume así un sentido funcional, propio de la política interior del Estado y variable según las necesidades de esa política. Pero en todos los casos traduce la necesidad para el Estado de diferenciar una categoría de personas a las que ciertos derechos son otorgados: derechos políticos y derechos de circulación.

Una primera manifestación de la ciudadanía en el derecho comunitario sería la constitución del individuo en "sujeto" del derecho comunitario, es decir, como titular de derechos subjetivos susceptibles de ser invocados en justicia. En la sentencia van Gend en Loos (5/02/1963, aff. 26/1962), el Tribunal de Justicia de las Comunidades Europeas (TJCE) afirma que "el preámbulo del Tratado [...] más allá de los gobiernos concierne a los pueblos", y que el Tratado crea órganos que institucionalizan derechos soberanos cuyo ejercicio afecta tanto a los Estados como a sus ciudadanos.

Se nota que el texto evoca al ciudadano de un Estado, no al de la Comunidad europea. Era imposible presentarlo de otro modo en un documento de alcance jurídico: el ciudadano de la Comunidad que no era susceptible de corresponder en la época a ninguna realidad jurídica. No es menos significativo que la persona se entiende como ciudadano.

Además, la sentencia tiene importancia por un doble motivo: subraya la originalidad del proceso comunitario, no asimilable a un acuerdo de reciprocidad concluido entre los Estados miembros, sino a un instrumento de integración de las economías en vista de la creación de un mercado interior; y es más, la sentencia eleva al individuo al rango de sujeto de derecho comunitario afirmando que las reglas orgánicas del TCE sobre la libre circulación de mercancías tienen un efecto directo. La jurisprudencia ha contribuido a poner en marcha un espacio comunitario, constitutivo de un verdadero ordenamiento jurídico, irreducible a lo que los Estados ocupan y del que las personas físicas y morales forman parte. El proceso comunitario se distingue así de un proceso convencional tradicional. A diferencia de éste, aquél es susceptible de generar una ciudadanía específica.

La "Europa de los ciudadanos" constituye "uno de los objetivos generales de la Comunidad"[4]. Esta afirmación, que tiene más de 25 años, después de recurrir a la ciudadanía de los Estados miembros, demuestra la amplitud del camino transcurrido en vísperas del Tratado de Maastricht. Su utilización por el TJCE todavía no confiere un alcance jurídico definido y el concepto se focaliza, sobre todo, en la ciencia política[5]. La ciudadanía tiene una doble dimensión: hacia el mundo exterior, es un factor de identidad europea; en el interior de la Comunidad, tiende a facilitar la vida de las personas en general, y en particular, respecto de los poderes públicos. La definición del concepto de ciudadanía europea, aparentemente propia a la Unión, se inspira en dos tipos de ordenamientos jurídicos que son formalmente disociables, el del Estado (1) y el de la Comunidad (2).

1. Referencia al derecho de los Estados miembros

"Es ciudadano de la Unión cualquier persona que tiene la nacionalidad de un Estado miembro" (§ 1 art. 8.° TCE). Así, el derecho comunitario no contiene ningún criterio atributivo de la nacionalidad, debido a que atañe a los Estados determinar por su legislación quiénes son los nacionales. Una declaración relativa a la nacionalidad de un Estado miembro anexada al Tratado de Maastricht confirma el reenvío al derecho nacional para la determinación de la nacionalidad.

---

[4] TJCE. 30 mayo 1989, Comisión c. Consejo, C-242/87.

[5] Cfr. Informe Adonnino al Consejo Europeo en 1985, en *Bull. CE*, supl. 7/1985.

El TCE no podía contener una definición distinta de la ciudadanía si el criterio constitutivo era la nacionalidad. No sólo era difícil obtener el acuerdo de los Estados miembros sobre un criterio común de atribución de la nacionalidad, sino que las legislaciones nacionales eran extremadamente disparatadas sobre este tema; además, la nacionalidad sólo se concibe en función de definir un componente o elemento del Estado, sujeto soberano del derecho internacional, no de una organización internacional.

La respuesta puede ser afirmativa a condición de utilizar como criterio atributivo no la nacionalidad, sino la residencia de la persona en el territorio de la Comunidad. Sin duda, difícilmente aceptable en términos políticos en 1993 (cuando se ratificó el Tratado), tal criterio podía presentar una ventaja para establecer una relación de pertenencia autónoma a la Comunidad, sin deber pasar por una identificación nacional. Bajo un aspecto práctico, habría permitido confirmar, en provecho de los naturales de Estados terceros, la residencia regular en el territorio de un Estado miembro, la existencia de ciertos derechos cuyo reconocimiento procederá ulteriormente del proceso de realización evolutivo del mercado interior.

La relación de la ciudadanía de la Unión con la nacionalidad se interpreta en varios sentidos. Bajo el sentido conceptual, la primera se apoya sobre la segunda. Bajo el ángulo funcional, la primera se añade a la segunda. Esta característica confirma así la observación hecha respecto a la utilización de la ciudadanía en un sistema nacional con estructura compleja: permite designar a una población sin que afecte a la nacionalidad.

Por esta razón, se observa que la ciudadanía europea, si no substituye a la nacionalidad de los Estados miembros, no substituye tampoco a una eventual ciudadanía que un Estado consagraría, de suerte que la persona puede verse conferir varias ciudadanías, nacional, infra-nacional y europea. El caso comunitario confirma así la constatación efectuada respecto a unos sistemas nacionales en cuanto a la unicidad de la nacionalidad relativa a un Estado determinado, que de ningún modo es incompatible con una pluralidad de ciudadanías.

2. *Referencia al derecho comunitario*

El reenvío al derecho nacional para la atribución de la nacionalidad no significa necesariamente que el derecho comunitario no pueda determinar de modo autónomo los efectos atribuidos a la nacionalidad. La determinación de los efectos compete efectivamente al derecho comunitario; es éste el que tiene que establecer los criterios que permitan definir la ciudadanía. La que consagra el TCE es la ciudadanía de la Unión y no de la Comunidad. La referencia a la Unión se explica por la dimensión política en el sentido de que la Unión identifica a Europa de cara al mundo exterior y la ciudadanía constituye un elemento de identidad. La inserción de la ciudadanía en el TCE puede explicarse bajo un ángulo jurídico por un motivo histórico e institucional. La consagración de una ciudadanía hunde sus raíces en el derecho comunitario, por la afirmación progresiva de derechos fundamentales de la persona vinculada a la realización del mercado interior. Ahora bien, el ejercicio de tales derechos se ha beneficiado, por ese mismo hecho, del aparato institucional de la Comunidad, y singularmente de mecanismos de protección jurisdiccional que faltan en el marco de la Unión Europea.

El TCE confiere al ciudadano una serie de derechos que se pueden considerar como atributos específicos de la ciudadanía. Estos se añaden a otros derechos fundamentales cuyo respeto está garantizado por el derecho comunitario. La enunciación de los derechos vinculados a la ciudadanía de la Unión Europea puede seguir varias clasificaciones. Así, se distingue en función de aquello a lo que el derecho puede oponerse: bajo este punto de vista, hay que hacer valer contra el Estado, por ejemplo, la participación en las elecciones municipales (¿y por qué limitarse a estas elecciones?); y frente a la Comunidad, el acceso a la función pública europea y la participación en las elecciones europeas.

II. ¿Una separación inevitable entre nacionalidad y ciudadanía?

Los Estados europeos así como la Unión Europea han conocido y se enfrentan a una crisis democrática debida, entre otras causas, a una falta de representación y de actuación de la sociedad civil que los compone. Debido también a una caída demográfica del continente europeo y a una inmigración creciente en la Unión, algunos gobiernos se preguntan por el papel que los extranjeros podrían jugar en el ejercicio de la ciudadanía, entendida aquí como manifestación del ejercicio de los derechos y deberes políticos (participación activa y pasiva en la vida política). Inmensa cantera de voces y potencialidades para consolidar la legitimidad de los sistemas políticos ya sean nacionales o en vía de integración, la inmigración se confronta a un obstáculo mayor: la nacionalidad. Con la creación de la ciudadanía europea, se puede imaginar otra referencia atributiva pero tanto la jurisprudencia comunitaria –con anterioridad al Tratado de

Maastricht– como éste último se refieren todavía a la nacionalidad de los Estados miembros: la residencia en el territorio de la Unión Europea.

La ciudadanía reposa aquí en el derecho de voto que generalmente se reserva a los nacionales. Permite a un individuo ser miembro de la sociedad y ser una parte activa de la comunidad política en la que vive. Por contraste, la libertad de movimiento, el derecho de entrar o salir y vivir en un país consiste más en un derecho vinculado a la nacionalidad y no en un derecho vinculado a la ciudadanía. Seguramente, en la mayoría de los Estados, se trata de una condición *sine qua non* de los derechos para votar, pero esta condición no los define en su esencia; además, ciertos Estados no incurren en la confusión conceptual entre "nacionalidad" y "ciudadanía" (la nacionalidad no define la ciudadanía, es su esencia).

La ciudadanía, definida como el estatuto específico del individuo que le permite participar en la toma de decisiones políticas, se diferencia de la nacionalidad que simboliza el vínculo jurídico entre el individuo y el Estado. Ésta es un tipo de relación identificatoria mientras que, a veces, el Estado otorga el derecho de voto a no-nacionales. De este modo, estas personas son ciudadanos del Estado pero quedan apartadas del estatuto de la nacionalidad: con el fin de adquirir éste, es necesario pasar por un proceso de naturalización. Esta distinción permite a una persona ser cualificada de "ciudadana" sin disponer de una atribución de nacionalidad. La determinación de tal cualificación es competencia exclusiva del Estado, que también mantiene su soberanía en cuanto a la definición de quiénes son sus propios nacionales.

Los ciudadanos adquieren el derecho de voto y, entonces, la ciudadanía sin deber hacerse naturalizar para participar en las decisiones en la comunidad de acogida. Desde el Tratado de Maastricht, todos los Estados miembros de la Unión Europea se esfuerzan por interpretar otro vínculo con la ciudadanía en tanto que ejercicio del derecho de voto[6]. Pero ya antes de la entrada en vigor de este Tratado, numerosos Estados practicaban la distinción entre ciudadanía y nacionalidad porque bajo ciertas condiciones permitían a los no nacionales participar en la vida política: Países Bajos, Reino Unido o Irlanda, por ejemplo. Fuera de Europa, Estados Unidos otorgó el beneficio de los derechos civiles y políticos durante muchos años entre el periodo colonial y la Primera Guerra Mundial[7]. Casi como un reconocimiento, el Tratado de Maastricht, ratificado por los Estados miembros de la Unión Europea en 1993, consagra la posibilidad de disociar la ciudadanía y la nacionalidad a favor del otorgamiento de una ciudadanía europea sobre la base de otro criterio atributivo.

La ciudadanía europea y su ejercicio se reconocen *a priori* exclusivamente a través de la nacionalidad, como lo confirman el Tratado de la Unión y la jurisprudencia MICHELETTI[8]. En realidad, la relación entre los dos conceptos compete también al derecho internacional público en el sentido de que sólo los Estados soberanos son sujetos de derecho internacional

---

[6] El sentido de "esforzar" no es inocente en la medida en que unos Estados tardaron en transponer la directiva comunitaria relativa al ejercicio del derecho de voto por los ciudadanos europeos (p. ej., Bélgica).

[7] Ese periodo fue la ocasión para numerosos residentes inmigrantes, no americanos, de beneficiarse plenamente de los derechos políticos que les permitían participar en las elecciones de un Estado determinado, así como en las elecciones federales.

[8] TJCE. 7 de julio de 1992, MICHELETTI c. Delegación del Gobierno en Cantabria, C-369/90.

y que sólo éstos tienen la competencia para determinar quiénes se benefician o pierden su nacionalidad, condición de acceso a la ciudadanía[9]. El otorgamiento de ésta se realiza de acuerdo con el *ius soli* y/o el *ius sanguinis*[10].

Ambos conceptos latinos reflejan la concepción que los Estados tienen de su nación respectiva (el derecho de la nacionalidad puede concebirse como el derecho de integrar la nación). El *ius soli* implica una perspectiva abierta de la nación: la nacionalidad se transmite a quienes la reclaman (por ej.: Francia o Países Bajos); mientras que el *ius sanguinis* sostiene la idea de una nación más cerrada que se define por un carácter étnico (Alemania, por ej.), significa que la integración en la nación resulta más difícil[11]. Los criterios de acceso a la nacionalidad son producto de la historia, de la demografía o de ciertos aspectos culturales y/o políticos. Implícitamente son los criterios del acceso a la ciudadanía europea. Así, la obtención de la ciudadanía europea varía de un Estado a otro según la política que llevan a cabo respecto de la nacionalidad.

---

[9] El Convenio de La Haya, del 12 de abril de 1930, relativo a ciertas cuestiones que concurren en los conflictos jurídicos sobre la nacionalidad, establece legalmente el principio. El artículo del Convenio afirma que pertenece a cada Estado determinar en función de su derecho quiénes son sus propios nacionales. Cfr. la sentencia Nottebohm del Tribunal Internacional de Justicia (Liechtenstein c. Guatemala, vol. 2, ICJR, 1955, p. 23).

[10] Como se recordará, el *ius sanguinis* se define como el derecho que reside en la filiación con los padres que tienen la nacionalidad a transmitirla, mientras que el *ius soli* consagra la obtención de la nacionalidad por el nacimiento en el territorio del Estado concernido.

[11] Hace falta matizar que los Estados no practican de modo exclusivo un *ius* u otro; en realidad, practican los dos pero ponen el acento más bien en el *ius sanguinis* o en el *ius soli*.

Podemos ya subrayar una paradoja del derecho europeo en la medida en que, si el Tratado de la Unión Europea (TUE) así como el Tratado de la Comunidad Europea pretenden garantizar la igualdad (de tratamiento) y la no-discriminación, el acceso a este derecho de ciudadano europeo no es igual, debido a varias concepciones estatales de la obtención de la nacionalidad. En otras palabras, la ciudadanía europea se otorgará más fácilmente a través de los Estados miembros que practican el *ius soli* que de los otros vinculados al *ius sanguinis*, visto que el derecho europeo no ha unificado los derechos nacionales relativos al otorgamiento de la nacionalidad. Por ello, hay que destacar dos conclusiones a partir de la formulación del TUE: por una parte, la Unión de ninguna manera interviene en el proceso de identificación de sus propios ciudadanos (en nombre del principio de la subsidiaridad comunitaria), mientras que, por otra parte, de modo exclusivo los Estados determinan las condiciones de acceso a la nacionalidad y a la ciudadanía de la Unión, y generan así una disparidad inevitable en el ejercicio de ésta.

La problemática conduce a dos soluciones potenciales. La primera implicaría la unificación de los procesos de acceso a la ciudadanía europea, haciendo uniformes las diversas leyes de nacionalidad[12]. Ello presenta importantes inconvenientes porque afecta a la prerrogativa de los Estados y no permite todavía a la Unión determinar a los beneficiarios de su ciudadanía. Por eso, otra vía de vinculación entre los individuos y la ciudadanía europea es necesaria. Efectivamen-

---

[12] El Parlamento Europeo hizo una proposición de esta idea en 1991, en un informe de la Comisión institucional sobre la ciudadanía europea (Doc. A3/0300/91, p. 5).

te, hay que distinguir la nacionalidad de la ciudadanía. Un elemento que podría servir de nueva base atributiva de la ciudadanía europea consiste en la residencia en uno de los territorios de los Estados miembros de la Unión Europea. De este modo, se evitaría una interferencia en la prerrogativa de la soberanía de los Estados mientras que las condiciones de acceso a la ciudadanía europea se aproximarían más. Además, esto permitiría a la Unión constituir un resultado de determinación de criterios de acceso (definición de residencia, su duración en el territorio, etc.) que independizaría la ciudadanía europea de las calificaciones nacionales de los beneficiarios de la ciudadanía nacional.

Así, la paradoja de la ciudadanía europea reside en las concepciones nacionales de la ciudadanía. El Tratado de Maastricht creó una ciudadanía europea reservada a los nacionales de los 15 Estados de la Unión[13]. De este modo, el Tratado creó una ciudadanía con "castas": los nacionales en su propio país, los nacionales de uno de los 15 Estados de la Unión que viven en otro Estado europeo que no les ha otorgado su nacionalidad, los residentes que provienen de los Estados terceros y los "sin papeles". El Tratado comenzó a romper el vínculo nacionalidad-ciudadanía de cada Estado para remplazarlo por el vínculo nacionalidad europea-ciudadanía. Sin embargo, perdió la ocasión de vincular la ciudadanía al concepto de residencia.

La Unión Europea tiende a constituirse en fortaleza que hace difícil el acceso a su territorio y además instituye barreras entre

---

[13] Nótese que desde el 1.º de mayo de 2004 son 25 los Estados miembros de la Unión Europea.

residentes en función de su origen nacional. Todos los argumentos invocados contra la atribución de la ciudadanía y del derecho de voto han caído: para otorgar la ciudadanía a un nacional de la Unión Europea en su Estado de residencia, no se exige una temporada de estancia ni integración ni conocimiento de la lengua (salvo que ciertos Estados como Dinamarca quieren imponer una prueba de integración a los candidatos residentes que provienen de Estados terceros a la Unión). En teoría no hay razón para que estas exigencias sean evocadas para los nacionales de los Estados terceros. Es evidente que, en este caso, la teoría se somete a una voluntad política.

En la perspectiva de los debates europeos sobre el Convenio y la Constitución europea se ha reflexionado sobre la definición de la ciudadanía, pero con escasos avances. Con todo, el otorgamiento del derecho de voto a todos los residentes extranjeros sea cual sea su origen constituye una exigencia fundamental en cuanto a la legitimidad política de la Unión Europea y sus Estados miembros, reafirmando la indivisibilidad de los derechos humanos y de las libertades fundamentales que garantiza el Convenio del Consejo de Europa de 1950. Así, para que sea efectiva la ciudadanía europea como ciudadanía sustancial, la Unión y sus miembros estatales no sólo deben prever el derecho de votar y de elegibilidad para los ciudadanos residentes, sino también desarrollar políticas que garanticen a todos los residentes las mismas posibilidades de actuar y participar, en el nivel local, como ciudadanos de pleno derecho. Eso implica la igualdad de acceso y de tratamiento, al derecho, al mercado de trabajo, al alojamiento, a la educación, a la cultura, al culto, etc., así como a todos los servicios públicos.

De hecho, la riqueza y la diversidad de formas de democracia participativa se constata en los municipios y en las regiones de Europa (los órganos consultivos de residentes extranjeros). Los Estados, las regiones así como los municipios deben desarrollar iniciativas y prever tanto los medios administrativos como los financieros necesarios para su funcionamiento. La democracia, la libertad y la prosperidad en Europa pasan por el compromiso de todos los ciudadanos-residentes a participar de pleno derecho en la edificación de una Europa democrática para todos.

BIBLIOGRAFÍA COMPLEMENTARIA

ASSOULINE, F. "Les Beurs, des voix à prendre. Oui, mais comment?", en *Marianne* (semanario), n.° 256, 18-24, marzo de 2002.

BOUAMAMA, S.; A. CORDEIRO y M. ROUX. *La citoyenneté dans tous ses États. De l'immigration à la nouvelle citoyenneté*, Paris, Edit. L'Harmattan, 1992.

CLOSA, C. "The Concept of Citizenship in the Treaty on European Union", en *Common Market Law Review*, 29, 1992.

CLOSA, C. "Citizenship of the Union and Nationality of Member States", en *Common Market Law Review*, 32, 1995.

DELPERÉE, F. *Les droits politiques des étrangers*, Paris, PUF, 1995.

LAMO DE ESPINOSA, E. (ed.). *Culturas, Estados, Ciudadanos. Una aproximación al multiculturalismo en Europa*, Madrid, Alianza, 1995.

LA TORRE, M. (ed.). *European Citizenship: An Institutional Challenge*, La Haya, Kluwer, 1998.

MADEC, A. y N. MURARD. *Citoyenneté et politiques sociales. Un exposé pour comprendre, un essai pour réflechir*, Paris, Flammarion, 1995.

MAGNETTE, P. "La citoyenneté dans la pensée politique européenne - Eléments pour une histoire doctrinale du concept", en *Res publica*, 1996.

CAPÍTULO TERCERO
POR UNA INTEGRACIÓN CÍVICA DE LOS INMIGRANTES*

JOSÉ MARÍA ROSALES
Profesor titular de Ética y Filosofía Política
en la Universidad de Málaga

Este trabajo es una defensa de la inclusión cívica de los inmigrantes en las sociedades receptoras. Parte de un supuesto básico: la inmigración produce derechos, no sólo económicos y sociales, sino también cívicos o políticos. Las políticas recientes de inmigración e integración en los países de la Unión Europea establecen distintos equilibrios entre criterios policiales y de seguridad interior, humanitarios y económicos. Los factores cívicos juegan un papel secundario. La comparación de resultados, y el análisis concreto del caso español, permite advertir que las políticas ensayadas han producido formas de integración insuficiente, como puede apreciarse por el número notablemente elevado de inmigrantes "integrados"

---

* Este trabajo, cuya primera versión fue presentada en Alcalá de Henares en septiembre de 2002, es una versión corregida del que se publicará en ESTEBAN ANTXUSTEGUI (ed.). *Ética y política: III Seminario Ernest Lluch*, Bilbao, Universidad del País Vasco, 2004. Suscribo las críticas de JOSÉ MANUEL BERMUDO en su capítulo para este volumen, y aunque mi propuesta de integración o inclusión cívica no contempla todas las implicaciones de su idea de pertenencia, confío en que se encamine en la misma dirección.

en la economía sumergida, pero separados del conjunto de la ciudadanía. El tipo de condiciones exigidas para la regularización pone de relieve que los factores policiales y de seguridad interior son, de momento, los criterios rectores de la legislación y de la acción política.

Pero ha sido el reconocimiento de las consecuencias económicas de la inmigración, vital para las sociedades receptoras, el que ha llevado a revisar esta ponderación de criterios y, de ahí, ha permitido que los factores humanitarios y sobre todo los cívicos comiencen a jugar un papel significativo en las políticas de inmigración e integración. La argumentación trata de mostrar este giro, todavía inicial, producido en el caso español sobre el trasfondo de cambios que han conducido a la Constitución de la Unión Europea. Defenderá que la inclusión de los inmigrantes en la comunidad política, la apertura de la condición ciudadana a los inmigrantes, opera sobre el reconocimiento de que la pertenencia a la comunidad política tiene un carácter contractual; es decir, que genera un sistema de mutualidad entre los individuos, de derechos y responsabilidades compartidos. La apertura contractual de las condiciones para la inclusión no sería sino un paso coherente en esta dirección que ha perfilado ya el constitucionalismo europeo.

I. De los datos demográficos y su lectura política

Sobre la cifra oficial de la población residente en España, 42.717.064 habitantes según los datos del padrón continuo a 1.° de enero de 2003[1], la población inmigrante ascendía a

---

[1] Resultados oficiales definitivos de la explotación estadística del padrón publicados por el Instituto Nacional de Estadística en nota de prensa el

2.664.169 habitantes. Se trata de un 6.24% del total, una proporción notable si la comparamos con el 4.7% que reflejaba el padrón de 2002 (1.977.944 inscritos) sobre un total de 41.837.894 habitantes. La proporción actual se sitúa ya por encima de la media de algo más del 5% de la población inmigrante en los países de la Unión Europea y se acerca a la media de países tradicionalmente receptores de inmigración como Francia (6.2%) o Alemania (8.9%)[2].

Una primera estimación permitiría señalar que "más del 75% del aumento de la población (entre 650.000 y 700.000) es debido a la inscripción de extranjeros"[3]. Esta renovación demográfica ha invertido la tendencia decreciente desde hace ya cuatro años del índice de natalidad y ha contenido (de momento) el proceso de disminución de la población española. Junto a ello, resulta de interés señalar cómo el número de extranjeros residentes (con tarjeta o permiso de residencia en vigor) a 31 de diciembre de 2003 se eleva a 1.647.011, frente a 1.324.001 de diciembre de 2002[4], o, por ejemplo, 445.697 diez años antes, en diciembre de 1992, cuando representaban

---

30 de marzo de 2004: [www.ine.es/prensa/prensa.htm]. Las estadísticas completas pueden consultarse en [www.ine.es/inebase].

2 Datos del Informe de la OCDE *Tendencias de la migración internacional*, reseñado por Luis Prados. "Inmigrantes imprescindibles", en *El País*, 4 de febrero de 2004, p. 10.

3 Son palabras de Carmen Alcaide, presidenta del Instituto Nacional de Estadística: "La inmigración y sus efectos sobre la estadística", *Anuario El País 2004*, Madrid, Ediciones El País, 2004, p. 162. Los datos oficiales son 686.224 nuevas inscripciones de extranjeros, lo que representa un 78.05%.

4 Datos de los balances 2002 y 2003 de la Delegación del Gobierno para la Extranjería y la Inmigración, Ministerio del Interior: [www.dgei.mir.es].

aproximadamente un 1.3% sobre el total de 39.006.690 habitantes[5].

No menos reveladora resulta la comparación entre la población inmigrante (no nativa) y la población extranjera (sin la nacionalidad española), como se advierte en un reciente estudio[6]. Los datos sobre la población inmigrante total proceden del registro administrativo del padrón continuo, que elaboran los ayuntamientos y coordina y depura el Instituto Nacional de Estadística, mientras que los referidos a la población extranjera (es decir, a los residentes extranjeros regularizados) proceden del Ministerio del Interior[7]. La diferencia es considerable y permite destacar, en una primera lectura, que a inicios de 2004 en torno a un millón de inmigrantes vivían en España en situación no regularizada.

Como es sabido, el empadronamiento local da acceso a los servicios de la sanidad y la educación públicas, al tiempo que constituye un primer paso en el lento proceso de la

---

5 Datos oficiales del INE y la Dirección General de la Policía (*Memoria anual de 1992*) elaborados por Antonio Izquierdo. *La inmigración inesperada. La población extranjera en España (1991-1995)*, Madrid, Edit. Trotta, 1996, pp. 214 y ss.

6 Antonio Izquierdo Escribano y Diego López de Lera. "La huella demográfica de la población extranjera en España", en *Sistema*, 175-176, 2003, p. 183.

7 La cuarta reforma de la Ley de Extranjería, pactada por el Gobierno del PP y el PSOE en septiembre de 2003, en vigor desde el 22 de diciembre de 2003, permite ya un acceso (limitado) del Ministerio del Interior a los padrones municipales (a través del INE), así como a las bases de datos de la Agencia Estatal de Administración Tributaria y de la Tesorería de la Seguridad Social. Se trata de la Ley Orgánica 14/2003 del 20 de noviembre (BOE del 21 de noviembre), y las condiciones vienen establecidas en la nueva disposición adicional quinta (Acceso a la información y colaboración entre administraciones públicas).

regularización administrativa. Si tenemos en cuenta que el reglamento de ejecución de la Ley de Extranjería consta de 147 artículos, más diez disposiciones adicionales, no resulta difícil hacerse una idea de la complejidad administrativa que para un inmigrante supone tratar de obtener un permiso de residencia[8]. En buena medida, la reforma de la Ley 4 de 2000 por la Ley 8 de 2000 dejaba a los contigentes anuales de trabajadores extranjeros fijados por el Gobierno como la vía principal para la regularización. Diferentes sentencias desde 2002 en los juzgados de lo contencioso de Valencia o Alicante, así como sentencias de 2003 por los tribunales superiores de justicia del País Vasco o Cantabria, han anulado esta condición restrictiva[9]. Por otra parte, en 2003 una sentencia del Tribunal Supremo anulaba 13 artículos del reglamento de ejecución de la Ley de Extranjería, poniendo de relieve la limitación expresa que introducía para el ejercicio de derechos civiles fundamentales[10].

---

8 Real Decreto 864/2001 del 20 de julio, por el que se aprueba el Reglamento de ejecución de la Ley Orgánica 4/2000 del 11 de enero, sobre derechos y libertades de los extranjeros en España y su integración social, reformada por la Ley Orgánica 8/2000 del 22 de diciembre (*BOE* del 21 de julio de 2001). Puede verse la presentación panorámica que hace Pascual Aguelo Navarro. "Derechos humanos y legislación de extranjería", en Natividad Fernádez Sola y Manuel Calvo García (coords.). *Inmigración y derechos*, Zaragoza, Edit. Mira, 2001, pp. 215 a 235.

9 Tomás Bárbulo. "Cinco sentencias anulan el contingente como única vía de regularización de inmigrantes", en *El País*, 11 de marzo de 2003, p. 30. La documentación ampliada y actualizada puede consultarse en la magnífica web de extranjería del Real e Ilustre Colegio de Abogados de Zaragoza: [www.extranjeria.info/menu-juridico].

10 Se trata de la sentencia de la Sala Tercera del Tribunal Supremo del 20 de marzo de 2003, en el recurso contencioso administrativo interpues-

Pero ha sido sobre todo la presión social y política, junto a razones humanitarias, lo que ha propiciado desde 2001 una serie de procedimientos extraordinarios de documentación. Estas medidas han mostrado la inadecuación que existe entre la inmigración real (según Eurostat, España se ha convertido en 2003 en el principal receptor de inmigrantes de la Unión Europea al concentrar un 22.9% del total) y la política de inmigración (no sólo las previsiones de los contingentes anuales, sino los procedimientos de regularización en general y las políticas de integración social). Pero además han supuesto

---

to por las Federaciones "Andalucía Acoge" y "Red Acoge" contra el Real Decreto 864/2001 del 20 de julio.

La situación, sin embargo, no es del todo nueva, sobre todo si atendemos a la figura de los centros de internamiento para extranjeros. La sentencia anula los artículos 127.2, sobre los supuestos para el internamiento, y 130.2 y 130.6, sobre el régimen interno de los centros. Los centros habían sido creados por la Ley Orgánica 7/1985 del 1.° de julio, sobre derechos y libertades de los extranjeros en España, pero no fue hasta once años después cuando se aprobó su reglamento de ejecución por el Real Decreto 155/1996 del 2 de febrero, a pesar de que desde 1985 habían venido funcionando dichos centros. Según el artículo 113 del reglamento, correspondía al entonces Ministerio de Justicia e Interior dictar las normas que regularan su funcionamiento. Llegarían del Ministerio del Interior en su Orden Ministerial del 22 de febrero de 1999. Su historia desde entonces ha estado caracterizada por un equilibrio, quizá imposible, entre la restricción discrecional de los derechos fundamentales de los inmigrantes (p. ej., en el art. 30, sobre restricciones de la comunicación de los internos, o 34, sobre el aislamiento forzado) y la garantía de su seguridad jurídica. Finalmente, la reforma que lleva a cabo la Ley Orgánica 14/2003 del 20 de noviembre introduce (en respuesta a la citada sentencia del Tribunal Supremo) cinco nuevos artículos (62 *bis* a 62 *sexies*) que replantean el régimen de derechos y deberes de los extranjeros internados y refuerzan las garantías de su seguridad jurídica.

en la práctica una rectificación de las propias revisiones que el Gobierno había hecho en la legislación de extranjería (cuatro reformas entre 2000 y 2003).

Veamos algunos datos. De acuerdo con el Ministerio del Interior, a 31 de diciembre de 1990 el número de extranjeros regularizados era de 278.796, cifra que representaba un incremento del 10.5% con respecto al año anterior. El crecimiento en los diez años siguientes se mantendría de manera estable dentro de esos parámetros. A finales de 2000, el número de extranjeros regularizados (con permisos de residencia en vigor) era de 895.720, todavía un 11.8% por encima de la tasa de 1999. Pero en 2001 el incremento en el número de regularizaciones con respecto al año anterior ascendió a un 23.8%, mientras que en 2002 fue de un 19.4% y en 2003 de un 24.4%. En solo tres años, entre 2000 y 2003, el número de regularizaciones casi se ha duplicado y la cifra global actual, 1.674.011, supone un incremento de un 382.6% con respecto al volumen de regularizaciones de 1993 (430.422). En los últimos diez años, en suma, el número de concesiones de permisos de residencia casi se ha multiplicado por cuatro.

II. La necesidad de trabajadores inmigrantes

Con todo, el Balance 2002 de la Delegación del Gobierno para la Extranjería y la Inmigración esgrimía una advertencia significativa: "nuestra capacidad de acogida no es ilimitada". Es significativa no sólo por el uso retórico del pronombre posesivo, que parece querer hacer partícipe a la opinión pública de un informe técnico ciertamente revisable, sino por el supuesto con el que opera. Así, por ejemplo, diagnosticaba que "Como cualquier país, esta capacidad de acogida está limitada por las posibilidades de trabajo para las personas que llegan, y por tanto al mismo tiempo que favorecemos esta inmigración legal, luchamos decididamente contra la inmigración ilegal"[11]. El balance, que arranca con la declaración de la voluntad de acogida por razones humanitarias, sitúa la limitación de esta voluntad en las condiciones del mercado de trabajo. No le faltan razones para advertir que una política migratoria indiscriminada supondría su propia desaparición, pero no llega a documentar este supuesto. Al contrario, parece partir de la idea de que el mercado de trabajo es un entorno fijo, que sólo puede admitir un número limitado de trabajadores: como si los trabajadores inmigrantes vinieran sólo a cubrir las vacantes que dejan los trabajadores nacionales.

En realidad, esto sólo es cierto a medias. Habitualmente ocurre entre los propios trabajadores inmigrantes y no deja de ser un signo de relevo por mejora[12]. Pero, por lo demás, explica sólo una pequeña parte de la dinámica de renovación del mercado laboral. Como ilustra la experiencia comparada, el mercado es un entorno flexible y la entrada de nuevos trabajadores no se produce bajo un régimen de reemplazo estricto, sino más bien de generación de nuevos empleos. El

---

[11] Balance 2002, p. 5. Por su parte, el Balance 2003 dedica una atención preferente a destacar los "avances llevados a cabo para el establecimiento de una política común europea de asilo, inmigración, fronteras exteriores y visados" (pp. 4 y ss.), aspecto éste que veremos más adelante.

[12] Como señala FRANCES CAIRNCROSS, los beneficios de su aportación recaen en los propios inmigrantes (que mejoran sus oportunidades) y, de modo indirecto, en sus países de origen (por la potencial mejora del capital humano y los recursos financieros que reciben de sus emigrados): "A Survey of Migration: the Longest Journey", en *The Economist*, 2 de noviembre de 2002, esp. pp. 12 a 16.

mercado de trabajo simplemente se transforma por la interacción entre la demanda de bienes y servicios, por una parte, y la inversión en innovación tecnológica y en capital humano, por otra.

No hay duda de que para los países de la OCDE la contribución de los trabajadores inmigrantes al PIB pone de manifiesto la necesidad estructural de la inmigración para el mantenimiento de los Estados de Bienestar[13]. Pero, frente a las pautas de inmigración económica de las últimas tres décadas, lo hace en un sentido novedoso: la cualificación profesional de los trabajadores inmigrantes los sitúa ya en los países desarrollados como objetivo preferente del sector de servicios, frente a su asignación tradicional al sector de la manufactura. Y eso no es todo, pues junto a la inmigración, favorecida por políticas migratorias selectivas, se empieza a producir una migración de trabajos en el sector de servicios hacia países en desarrollo, que empiezan a contar ya con mano de obra competitiva no sólo en términos salariales, sino también en términos de cualificación[14].

En parte por este efecto redistributivo de la contribución de los inmigrantes a las economías ricas y a las economías

---

[13] Recordemos el Informe de la OCDE *Tendencias de la migración internacional*, referido en la nota 2. En el caso de la Unión Europea, puede resultar ilustrativo de un reconocimiento temprano de esta necesidad el Comunicado de la Comisión al Consejo y al Parlamento Europeo "Sobre una política comunitaria de migración": COM (2000) 757 del 22 de noviembre de 2000, p. 29. Sobre su impacto positivo en la economía española cfr. JOAQUÍN ARANDA GALLEGO. "La inmigración en España: consideraciones económicas e incidencia en el sector financiero español", en *Papeles de Economía Española*, 98, 2003, pp. 146 a 164.

[14] "The New Jobs Migration", en *The Economist*, 21 de febrero de 2004, p. 11.

pobres, no parece que la inmigración pueda por sí sola reconducir el actual proceso de reducción de los Estados de Bienestar. Lo ha contenido al detener la descapitalización iniciada en los años 80 (las llamadas políticas neoliberales de reducción del sector público), pero, aunque su papel en la refinanciación de los esquemas de provisión universal de servicios públicos sí es determinante, no está claro cómo podrá incidir en su reconfiguración en los próximos años. Cabe señalar a este respecto que a 30 de noviembre de 2003, del total de 16.866.907 trabajadores afiliados a la Seguridad Social, 963.055 eran trabajadores extranjeros, esto es, un 5.7%, aproximadamente el doble del 2.9% registrado en el cuarto trimestre de 2000[15]. No se contabilizan, por cierto, los trabajadores inmigrantes que no cotizan, pero que contribuyen al PIB a través de la economía sumergida. Ésta última, todavía hoy, representa más de la cuarta parte del total de la riqueza que se genera en España (bastante por encima de la media del 15% de la Unión Europea, según Eurostat).

Dicho de otro modo, en términos de fiscalidad la aportación de los trabajadores extranjeros e inmigrantes viene a compensar el efecto descapitalizador en las arcas públicas por el envejecimiento de la población española. En este sentido, sólo fijándonos en los últimos tres años, que la tasa de desempleo haya bajado del 13.7% en enero de 2001 al 11.2% en enero de 2004, cuando la población activa (que incluye tanto a la población ocupada como a la desempleada) ha pasa-

---

[15] Elaboración del *Anuario El País 2004* (p. 167) sobre estadísticas de la Secretaría de Estado de la Seguridad Social y datos de la Encuesta de Población Activa en el cuarto trimestre de 2003: [www.mtas.es/estadisticas].

do de 17.814.600 en 2001 a 18.932.400 a finales de 2003, no puede explicarse sin la incorporación de los trabajadores inmigrantes al mercado laboral[16]. Su contribución al sostenimiento del sistema de instituciones públicas del Estado de Bienestar ha demostrado ser vital, pero tal como está actualmente planteada no permite anticipar su alcance real en un futuro inmediato.

III. Control de fronteras e integración

Una de las razones que pueden explicar esta apreciación es el carácter itinerante de los flujos migratorios. España no sólo es actualmente el principal receptor de la inmigración comunitaria. Es también la principal puerta de acceso al resto de los países de la Unión, que tienen esquemas de acogida que han conseguido formas de integración socio-laboral más estables. Una segunda razón, derivada de la anterior, es la débil coordinación que todavía existe en España entre la gestión de los flujos migratorios y la política de integración sociolaboral de los inmigrantes. Este asunto nos permite recuperar los balances oficiales sobre inmigración y extranjería. El diagnóstico, recordemos, establecía que la capacidad de acogida estaba limitada por las condiciones del mercado de trabajo. La inmigración legal era la inmigración económica regulada, mientras que, al mismo tiempo, el Gobierno entendía que sus esfuerzos debían dirigirse a combatir la inmigración ilegal.

---

16 Datos comparativos sobre la tasa de paro consultados en [www.economist.com/markets/indicators] (medición última española incorporada en marzo de 2004); datos sobre cambios en la población activa accesibles en [www.ine.es/inebase].

"Si no lo hiciéramos", continúa el argumento, "pondríamos en peligro los mecanismos estructurales de funcionamiento de nuestra sociedad y por otro lado dejaríamos a estas personas en manos de organizaciones mafiosas"[17].

La respuesta del Gobierno había sido la aprobación en marzo de 2001 del Plan Global de Regulación y Coordinación de la Extranjería y la Inmigración en España (GRECO), un programa trianual que ha puesto en práctica un intento de coodinar la regulación de la inmigración con una política de integración socio-laboral, que anticipaba, aunque no con la suficiente precisión, la necesidad de cooperación entre las diferentes administraciones: la del Estado, las autonómicas y las locales. De hecho, el Plan GRECO ha justificado su rendimiento sobre todo en términos de control fronterizo de la inmigración, y sólo en segundo lugar en términos de integración. Pero que el número de inmigrantes no regularizados se sitúe en torno a un millón al término del periodo previsto indica que algo ha fallado, o que todavía hoy quedan cuestiones fundamentales por resolver.

Ha faltado, en primer lugar, una estrategia estable de cooperación con el resto de las administraciones en España, que en alguna medida puede ilustrarse por la disparidad normativa entre las legislaciones autonómicas y la estatal en materia de integración de los inmigrantes. Pero coordinar las legislaciones y las políticas es una necesidad lógica que viene exigida por la comunitarización de la política de inmigración desde el Tratado de Amsterdam (el objetivo de crear un "espacio de libertad, de seguridad y de justicia"),

---

[17] Balance 2002, cit.

frente a su tratamiento anterior en términos de cooperación intergubernamental[18]. Y así hasta su reconocimiento constitucional en el Proyecto de Constitución Europea.

En segundo lugar, los cambios en la legislación y en la política de inmigración desde finales de 2000 (al menos hasta la cuarta reforma, de septiembre de 2003, producida casi al final de la legislatura), no han conseguido aprovechar todo el potencial del cambio demográfico para introducir esquemas de integración estable de la población inmigrante. IZQUIERDO y LÓPEZ DE LERA concluían su trabajo, anteriormente citado, con la siguiente reflexión: "No obstante, aunque la incidencia de la inmigración sea marginal en la estructura de la población, puede contribuir durante un tiempo a impedir una disminución en el número de habitantes, ayudar al ajuste en los mercados de trabajo y colaborar en la recomposición de las dinámicas demográficas. Pero para ello hay que introducir cambios severos en la política de inmigración"[19].

---

[18] El Comunicado de la Comisión al Consejo y al Parlamento Europeo del 22 de noviembre de 2000 (COM [2000] 757) así lo recuerda: "Con la entrada en vigor del Tratado de Ámsterdam se estableció firmemente la competencia comunitaria en las áreas de la inmigración y del asilo. De ser una cuestión objeto de coordinación intergubernamental bajo el Tercer Pilar, la responsabilidad de desarrollar la política se trasladó al Primer Pilar, debiendo adoptar el Consejo un programa de acción destinado a establecer progresivamente un espacio de libertad, de seguridad y de justicia (arts. 61 a 63)" (p. 5). Y más adelante precisa: "Un enfoque tan horizontal requiere una coordinación a escala nacional y local, y la UE podría contribuir desarrollando una estrategia pedagógica, promoviendo el intercambio de información y buenas prácticas, especialmente en el nivel local, y desarrollando directrices o normas comunes sobre medidas de integración" (p. 22).

[19] IZQUIERDO ESCRIBANO y LÓPEZ DE LERA. "La huella demográfica de la población extranjera en España", cit., p. 200.

Puede que no sea políticamente posible introducir cambios de esa naturaleza, al menos en el plazo de una legislatura, pero sí creo que hay razones para pensar que algunos cambios necesarios están a nuestro alcance y podrían resultar beneficiosos para el proceso de integración de los inmigrantes y, de ahí, para el nuevo equilibrio resultante de la convivencia civil. En lo que sigue trataré de defender esta propuesta.

IV. La deficiente integración y su percepción social

Me referiré a cambios que no harían sino ayudar a recomponer la coherencia interna que debería existir entre el constitucionalismo liberal que inspira la construcción institucional de la Unión Europea y el sentido que han adoptado las políticas de inmigración en los últimos años. Convendrá asimismo reparar en la protección institucional tan elevada de los derechos fundamentales que se ha alcanzado en la Unión Europea, no sólo para los ciudadanos de la Unión. De ese modo podrá apreciarse, por ejemplo, qué significaría intentar una aplicación constitucionalmente más coherente y eficaz del principio de igualdad en la política de inmigración. A continuación, querría hacer una breve anotación al modelo normativo multicultural que orienta los esquemas de la convivencia civil en sociedades liberales como la española, convertida en muy pocos años en sociedad de acogida de inmigrantes. Por último, intentaré trasladar las consideraciones anteriores al terreno práctico para perfilar su posible continuidad en políticas públicas, pues es su rendimiento práctico el que mide el alcance normativo del constitucionalismo liberal y de los modelos que orientan nuestra convivencia.

El Preámbulo del Proyecto de Constitución Europea evoca, de forma breve y quizá grandilocuente, la trayectoria de cooperación entre los pueblos de Europa, a pesar de sus diferencias, para declarar que esa historia la ha convertido en "un espacio privilegiado de la esperanza humana"[20]. La formulación de GISCARD D'ESTAIGN, presidente de la Convención Constitucional, mantiene todo el sentido iluminado del Preámbulo, pero no deja de ser ajustada a la realidad. Este profundo cambio constitucional en curso, que trata de responder al reto de la convivencia en sociedadades tan dispares por su historia pero tan cercanas por sus intereses y hasta por sus valores, permite interpretar la encrucijada actual de modelos políticos como una oportunidad para avanzar en una determinada dirección.

Y desde una perspectiva menos ambiciosa, en una oportunidad para reequilibrar las pautas que, desde mediados de los años 90, han adoptado las políticas de inmigración en la Unión Europea al primar elementos de control policial sobre factores asistenciales y éstos, a su vez, sobre factores de capacitación y de integración cívicas[21]. El reajuste en el sen-

[20] Proyecto de Constitución presentado por el presidente de la Convención al Consejo Europeo reunido en Tesalónica el 20 de junio de 2003: CONV 820/1/03.

[21] El estudio "Documentation of Eurostat's Database on International Migration: Acquisition of Citizenship" (Eurostat Working Paper 3/2000/E/n.º 3), proporciona una información comparada sobre las legislaciones de ciudadanía y procedimientos de naturalización en los 15 países de la Unión Europea más Suiza y Noruega (pp. 6 a 26). Pero la investigación comparativa más actualizada sobre legislación y políticas de inmigración en Europa es la serie, editada por JAN NIESSEN y YONGMI SCHIBEL, *EU and US Approaches to the Management of Immigration: Comparative Perspectives*, Bruxelles, Migration Policy Group, 2003. El estudio sobre

tido igualitario y universalista del constitucionalismo liberal supone una aplicación en las legislaciones nacionales más coherente, menos condicionada por factores coyunturales, de la propia normativa comunitaria en esta materia.

Por ejemplo, si atendemos a la exposición de motivos de la Ley 8 de 2000, ésta se sirve de los compromisos adquiridos por España en el marco del Acuerdo de Schengen (sobre la desaparición de las fronteras interiores) o de las conclusiones del Consejo Europeo de Tampere como recursos para legitimar la reforma de la Ley 4 de 2000. Sin embargo, no es fácil establecer una relación de implicación entre ambas instancias y el sentido que adoptó la reforma. En realidad, sólo es posible si se fuerza la interpretación y se seleccionan las prescripciones, para advertir al final que la reforma había constituido una de las promesas de campaña del partido ganador en las elecciones generales de marzo de 2000.

Desde hace años se viene consolidando un proceso institucional de armonización de las legislaciones de los Estados miembros de la Unión. En la actualidad, más del 50% de las legislaciones nacionales son ya adaptaciones de la normativa comunitaria[22]. Pero algo bien distinto es el recurso a la Unión Europea para poner en práctica medidas políticas o para modificar la legislación, que de otro modo resultarían difícilmente aceptables por la opinión pública. Esta ventaja

---

el caso español ha sido elaborado por Ricard Zapata Barrero (ibíd., "Spain", pp. 459 a 489). Versión electrónica de los 18 informes más las líneas generales del proyecto de investigación en [www.migpolgroup.com/publications].

22 "Snoring while a Superstate Emerges?", en *The Economist*, 10 de mayo de 2003, p. 29.

que ofrece el complejo (y poco conocido) entramado político de la eurocracia y que salva a veces la distancia de los debates públicos nacionales se ha empleado últimamente con éxito en la revisión de las políticas de inmigración por países como Francia, Dinamarca, Austria, Holanda, Alemania o Suecia.

España no es ninguna excepción. En todos los casos, junto a la coartada de Bruselas ha operado, de manera más o menos explícita, alguna formulación de lo que ALBERT HIRSCHMAN llamara la "tesis del peligro"[23]: una llegada masiva y no regulada de inmigrantes tendría una incidencia negativa sobre el mercado de trabajo y pondría en peligro los esquemas de bienestar de los países receptores. La tesis, aunque inverificable como argumento unitario (pues mezcla indicadores reales con elementos inverosímiles), ha tenido un enorme poder retórico sobre la opinión pública y ha llegado a modelar en la ciudadanía una percepción peyorativa sobre los inmigrantes.

Es ya tristemente famosa la presentación en rueda de prensa en abril de 2002 por el ministro del Interior de las cifras oficiales de la población reclusa en España durante 2001. En ese año, destacaba el ministro, habían sido detenidos 197.000 españoles y 116.000 extranjeros. Al poco el Sindicato Unificado de la Policía puntualizaría que unos 44.000 (es decir, un 38%) no habían sido detenidos por cometer ni delitos ni faltas, sino por su entrada ilegal o su estancia irregular. Dos meses después, se hacía público el Barómetro de junio de 2002 del Centro de Investigaciones Sociológicas, en el que se había incluido la pregunta (novedosa frente a los análisis monográficos

---

[23] ALBERT O. HIRSCHMAN. *The Rhetoric of Reaction: Perversity, Futility, Jeopardy*, Cambridge, Ma, Harvard University Press, 1991, pp. 81 y ss.

precedentes): "¿Está usted muy, bastante, poco o nada de acuerdo con que, hoy día en España, existe una relación entre inseguridad ciudadana e inmigración?". Un 15.3% de los encuestados declaraba estar muy de acuerdo, mientras que un 44.3% admitía estar bastante de acuerdo. El nivel se mantenía un año después: en el Barómetro de mayo de 2003, ante la misma pregunta los porcentajes respectivos de respuesta eran 13.9% y 44.2%.

Pero cuando se formulan preguntas alternativas que no asocian ambos factores el resultado es muy distinto. Así, por ejemplo, el Barómetro del CIS de febrero de 2004 se iniciaba con la siguiente pregunta: "Para empezar, ¿cuáles son, a su juicio, los tres principales problemas que existen actualmente en España?". La inmigración ocupaba el quinto lugar, con un índice del 13.9%[24]. El modo de preguntar influye en los tipos de respuesta, y puede ser determinante cuando el imaginario colectivo está tan cargado de prejuicios como en el caso que nos ocupa. A este respecto, hace algunos años un estudio destacaba cómo la presentación oficial de los datos sobre inmigración, y cualquier otro tema que se quisiera relacionar, modela la opinión pública o, cuando menos, induce preferencias interpretativas. Lo más llamativo de este proceso, sin embargo, es que su rectificación crítica o racional exige un esfuerzo incomparablemente mayor al de la aceptación pasiva de los datos, y de algunos tópicos indemostrados, que se transmiten[25].

---

[24] Se trata de la pregunta 21 del Barómetro n.º 2459 del CIS, de junio de 2002; de la pregunta 12 del Barómetro n.º 2511, de mayo de 2003; y de la pregunta 1 del Barómetro n.º 2556, de febrero de 2004: [www.cis.es].

[25] Miguel S. Valles, M.ª Ángeles Cea y Antonio Izquierdo. *Las encuestas*

Por otra parte, un trabajo más reciente de M.ª ÁNGELES CEA demuestra cómo los indicadores tradicionales para medir las actitudes ante la inmigración facilitan la captación de una actitud contraria. Como consecuencia, se asocia a una percepción de riesgo para la seguridad o para el empleo. Un cambio en su configuración produciría una imagen más fiable. El análisis concluye que "son los *items* relativos a derechos sociales y de ciudadanía (en especial los primeros) los de mayor utilidad en la diferenciación de la actitud ante la inmigración [...] Le siguen las preguntas relativas a política inmigratoria [...] En cambio, los *items* relativos a distancia social, que tradicionalmente están presentes en la generalidad de las encuestas de actitudes y prejuicios étnico-raciales, se sitúan en cuarto lugar en efectividad en la diferenciación de la actitud declarada ante la inmigración". De este modo, concluía el trabajo, frente a indicadores tradicionales referidos a la distancia social (que inducían a concentrar el conjunto de las percepciones en los inmigrantes marroquíes, los más cercanos aunque no por ello mejor conocidos), "[l]as 13 variables que muestran poder discriminatorio significativo son, por orden de importancia: vivienda digna, votar municipales, educación pública, número de inmigrantes, traer a su familia, valoración inmigración, casar con marroquí, trabajo en igualdad, leyes inmigración, cobrar paro, votar elecciones generales, supresión fronteras Unión Europea y afiliarse a partidos políticos"[26].

---

sobre inmigración en España y en Europa. Tópicos, medios de comunicación y política migratoria, Madrid, IMSERSO, 1999.

[26] M.ª ÁNGELES CEA D'ANCONA. "La medición de la actitudes ante la inmigración: evaluación de los indicadores tradicionales de 'racismo'", *Revista Española de Investigaciones Sociológicas,* 99, julio-septiembre de 2002, pp. 87 a 111, cita en p. 109.

Así, en efecto, la comparación entre las condiciones de la ciudadanía y de la inmigración nos ilustra de un modo más fiable sobre la actitud de los nacionales españoles ante los inmigrantes. Cabría decir también, a la inversa, que es la distancia de su condición jurídica (la superprotección en unos y la desprotección en otros) la imagen que antes percibe cualquier inmigrante que cruza nuestras fronteras.

No en vano es la deficiente integración de los inmigrantes en las sociedades receptoras la que constituye ya una nueva frontera de exclusión social en sociedades avanzadas, que se suele correlacionar con otra frontera, la delimitada por la separación creciente entre los niveles de renta[27]. Eso nos recuerda experiencias cercanas de discriminación en el mercado de trabajo[28], y nos cuestiona sobre un tipo de sociedad y un modelo de comunidad política que tiene todavía pendiente abordar de un modo eficaz y justo la convivencia entre inmigrantes y ciudadanos. Mantener esa diferenciación más allá de los presupuestos contractuales del constitucionalismo liberal, aleja a los inmigrantes de la condición ciudadana y acaba por devaluar el espíritu universalista e igualitario que la había inspirado.

---

[27] Adapto de Lila Leontidou y Alex Afouxenidis. "Boundaries of Social Exclusion in Europe", en Janet Fink, Gail Lewis y John Clarke (eds.), *Rethinking European Welfare: Transformations of Europe and Social Policy*, London, The Open University y Sage, 2001, pp. 231 a 247. En España se reproducen fronteras similares: José Félix Tezanos y Sergio Tezanos Vázquez. "Inmigración y exclusión social", en *Papeles de Economía Española*, 98, 2003, pp. 225 a 237.

[28] Carlota Solé. *Discriminación racial en el mercado de trabajo*, Madrid, Consejo Económico y Social, 1995.

V. Derechos fundamentales en la Unión Europea

Tradicionalmente, la dimensión cívica de la construcción europea ha sido un factor legitimador del proceso de integración y, de hecho, una dimensión secundaria. Como la dimensión social, ha quedado subordinada estratégicamente a los objetivos de la unión económica y monetaria. Sin embargo, ha logrado un anclaje sólido en la arquitectura institucional de la Unión Europea a través del sistema de protección de los derechos fundamentales. No es fortuito. Se trata, en realidad, de una lenta construcción que dura ya más de medio siglo. Y que produce el resultado paradójico, si dejamos a un lado la economía, de que el alto grado de protección institucional (la dimensión objetiva) y de desarrollo subjetivo de los derechos fundamentales no se corresponde con el modesto papel de la Unión Europea con respecto a los Estados que la integran, ni mucho menos en la escena internacional.

Un esclarecedor trabajo al respecto de Joseph Weiler llevaba por título "¿Tiene el nuevo traje emperador?"[29]. Bien, ciertamente todavía no, pero no habría que ser pesimistas. La situación empieza a cambiar a partir del Tratado de Amsterdam (firmado en 1997 y en vigor desde el 1.° de mayo de 1999) en una dirección que cristaliza en el reconocimiento de personalidad jurídica propia a la Unión Europea en el Proyecto de Constitución (art. 4.°). Eso le permite, de entrada, adherirse al Con-

---

[29] Joseph H. H. Weiler. "*Fin-de-siècle* Europe: do the New Clothes have an Emperor?". La primera versión es de 1995. Una versión revisada fue incluida en su libro *The Constitution of Europe*, Cambridge, Cambridge University Press, 1999, pp. 238 a 263.

venio Europeo para la Protección de los Derechos Humanos y de las Libertades Fundamentales (art. 5.2), un paso que abre la vía hacia el afianzamiento de su papel en un doble sentido: como garante de la protección de los derechos fundamentales (en cooperación con los Estados de la Unión) y como legislador independiente en dicha materia.

El paso se da sobre los antecedentes que ha sentado el Tribunal de Justicia de las Comunidades Europeas (Luxemburgo) en su acción constitucionalizadora de los derechos fundamentales desde su refundación en 1958 bajo el Tratado de Roma (había sido creado en 1952 como Tribunal bajo el Tratado de la CECA). Y, de modo notable, en la dirección marcada por uno de los principios del constitucionalismo liberal, el de la revisión judicial. La revisión tiene como objetivo la protección de los derechos fundamentales (los derechos humanos constitucionalizados) frente a posibles lesiones derivadas de las decisiones comunitarias (adoptadas según el principio democrático de la mayoría). Se trata de un asunto clave para entender en el funcionamiento institucional de la Unión Europea la articulación constitucional que se produce entre el *principio democrático* de la regla de la mayoría (de acuerdo con el cual se adoptan las decisiones) y el *principio liberal* de la protección de las libertades individuales frente al poder (incluso frente a un poder instituido y ejercido de forma legítima).

Este efecto constitucionalizador ha funcionado del siguiente modo. Como señalan Freixes y Remotti, a pesar de que los derechos fundamentales no eran invocables ante el Tribunal, éste en sus sentencias "había declarado reiteradamente" que la Comunidad Europea "debía respetar los derechos fundamentales y, por consiguiente, había conferido efecto jurídico, efecto de obligar, a los derechos del Convenio Europeo de Derechos Humanos y de las tradiciones constitucionales de los Estados miembros de la Unión"[30]. Esta situación se convalida con el Tratado de Ámsterdam, pero a ello hay que sumar la acción protectora del Tribunal Europeo de Derechos Humanos de Estrasburgo (instituido por el Convenio Europeo para la Protección de los Derechos Humanos y de las Libertades Fundamentales de 1950).

Como ha recordado WEILER, el Tribunal establece el nivel mínimo de protección de los derechos fundamentales en el espacio jurídico europeo, por encima del cual los Estados miembros pueden reforzar su cobertura. El Tribunal plantea de este modo un "diálogo" con los tribunales nacionales acerca de la interpretación sobre el grado de reconocimiento que reciben los derechos fundamentales, pues aunque nominalmente se trate de los mismos derechos (por ej., el derecho a la libertad de expresión), reciben en cada orden constitucional una interpretación diferenciada y, por tanto, una distinta protección institucional. Un resultado de este diálogo, y de los equilibrios que establece el Tribunal, es, como destaca WEILER, que la Unión Europea se ha consolidado como un sistema distinto, que no corresponde a la agregación de sus partes, un sistema "no-unitario" que representa una innovación institucional[31].

---

[30] TERESA FREIXES y JOSÉ CARLOS REMOTTI. "Los derechos fundamentales como parámetros de legitimidad en la Unión Europea", en ANTONIO MARZAL (ed.). *Los derechos humanos en la Unión Europea*, Barcelona, Edit. Bosch, 2002, pp. 67 y 68.

[31] "Fundamental Rights and Fundamental Boundaries: on the Conflict of Standards and Values in the Protection of Human Rights in the European Legal Space", en *The Constitution of Europe*, cit., pp. 102 a 129.

Que es otra forma de decir que la Unión afecta ya a los Estados miembros más de lo que éstos por separado consiguen influir sobre el conjunto. Lo cierto es que en esta "forma emergente de dominación política", como la ha llamado Schmitter[32], conviven instituciones estatales con instituciones de carácter supra-estatal, y son los equilibrios que se fraguan entre ambas los que en definitiva constituyen la mejor prueba para la protección real de los derechos. A este respecto, Victoria Abellán planteaba que, a pesar de que el Tratado de Ámsterdam establecía ya el "control jurisdiccional" de los derechos fundamentales por la Unión Europea (art. 6.2), en virtud de la aplicación del principio de subsidiariedad cabía preguntarse si la protección más eficaz no es la que ya ofrecían los ordenamientos constitucionales de los Estados miembros, junto con las garantías complementarias del Convenio Europeo de Derechos Humanos y del Tribunal Europeo de Derechos Humanos[33].

Desde un punto de vista constitucional, su tesis es convincente, pero desde la perspectiva institucional de las políticas públicas de los Estados miembros y del desarrollo de programas de acción comunitaria, la acción coordinadora de la Unión Europea puede resultar más eficaz. En la medida,

---

[32] Philippe C. Schmitter. "La Comunidad Europea como forma emergente de dominación política", en Jorge Benedicto y Fernando Reinares (eds.), *Las transformaciones de lo político*, Madrid, Edit. Alianza, 1992, pp. 158 a 200. Un trabajo posterior perfilaría algunas de las condiciones para su democratización, defendiendo que aspectos como la eficacia y la justicia de su gestión resultaban prioritarios: *How to democratize the European Union – and why bother?* Lanham, Md.: Rowman & Littlefield, 2000.

[33] Victoria Abellán. "Los derechos humanos en la Unión Europea", en Antonio Marzal (ed.), *Los derechos humanos en la Unión Europea*. Barcelona, Edit. Bosch, 2002, pp. 47 a 55.

en primer lugar, en que homogeneice al alza los esquemas de protección de derechos fundamentales en los Estados miembros; y, en segundo lugar, en que coordine la respuesta al reto que supone mantener los servicios universales del Estado de Bienestar. Conviene tener presente que, a pesar de la contribución económica de los inmigrantes, los esquemas de integración no han evitado la formación de zonas de exclusión en la población inmigrante. Han funcionado para proporcionar a los inmigrantes recursos asistenciales básicos, pero no han conseguido evitar la separación profunda que todavía se mantiene entre las oportunidades de los ciudadanos y las de los inmigrantes, tanto los regularizados como los no regularizados[34].

VI. ¿Qué tipo de europeización de las políticas de inmigración?

Pues bien, justo en la línea de reforzar el papel cordinador de la Unión se sitúa el diseño de la política social que ha llegado al Proyecto de Constitución Europea (arts. 98 a 110). Sus antecedentes no son lejanos[35], pero han puesto de relieve que la

---

[34] Era así hace más de una década cuando lo retrataba la elocuente expresión de Giovanna Zincone: "Da immigrati a cittadini. Una questione europea" (*Il Mulino*, XLI, 1992, pp. 645 a 661) y continúa siéndolo. Dos buenos trabajos recientes lo recuerdan: uno genérico, de Ana María López Sala ("Los retos políticos de la inmigración", en *Isegoría*, 26, junio de 2002, pp. 85 a 105) y otro específico sobre la inclusión de los inmigrantes no regularizados, de Ruth Rubio Marín ("El reto democrático de la inmigración ilegal a la luz del debate actual en España", *Anales de la Cátedra Francisco Suárez*, 36, 2002, pp. 173 a 196).

[35] Como recuerdan Joan Subirats y Ricard Gomà, la dimensión social de

coordinación y la integración de las políticas sociales supone en la práctica un reconocimiento más eficaz y estable del principio de igualdad. En el plano constitucional, ya desde el Tratado de Ámsterdam (art. 6.º) se reconoce que *el sistema de protección de los derechos fundamentales no es exclusivo de los ciudadanos europeos*. De ahí que el reconocimiento de la igualdad como principio jurídico transversal, como han señalado FREIXES y REMOTTI, puede transformar de modo radical la configuración de las políticas públicas en la Unión Europea[36].

Uno de los objetivos de la Unión Europea, como recoge el artículo 3.3 del Proyecto de Constitución, es crear "un espacio de libertad, seguridad y justicia en el que se desarrollen los valores compartidos y se respete la riqueza de su diversidad cultural" (art. 2.º Tratado de la Unión Europea, modificado por el Tratato de Ámsterdam). Más adelante se explicita. Así, por ejemplo, el artículo 13.2 reconoce la creación de dicho espacio como uno de los dominios de competencias compartidas entre la Unión y los Estados miembros, y el artículo 41 especifa las disposiciones particulares para su desarrollo. La atención a la inmigración se ofrece también desde la coordinación de las políticas de empleo (art. 14.3) y desde los

---

la Unión Europea se inicia tras el proceso de integración que abre el Acta Única Europea de 1987. Dicho giro se simboliza en la proclamación de la Carta Social Europa de 1989, queda plasmado normativamente en el Protocolo Social del Tratado de Maastricht de 1991, y se pone en funcionamiento a través de los programas de acción social desde 1989: "Gobierno y política social: potencial y límites de la Unión Europea", en SALVADOR GINER y SEBASTIÁN SARASA (coords.). *Buen gobierno y política social*, Barcelona, Edit. Ariel, 1997, pp. 151 y ss.

36 FREIXES y REMOTTI. "Los derechos fundamentales como parámetros de legitimidad en la Unión Europea", cit., pp. 73 y ss.

"dominios de acción de apoyo, de coordinación o de complemento" como la salud, la educación o la cultura (art. 16.2). Por último, las políticas sobre control de las fronteras, asilo e inmigración se desglosan en los artículos 161 a 164, estableciendo una clara prioridad de las condiciones para la seguridad jurídica de los inmigrantes.

Hasta ahora la política de inmigración ha sido un área débilmente comunitarizada (tradicionalmente la han regulado los Estados), pero la acelaración de la construcción europea que imprimen los Acuerdos de Maastricht de 1991 ha puesto de relieve que el resultado de la integración económica y política va a depender también de cómo cristalice la gestión centralizada de la inmigración. Ello explica los esfuerzos de los últimos años en esa dirección. Sin duda ha sido el Consejo Europeo de Tampere, en octubre de 1999, el que ha introducido las líneas generales de reflexión para una reforma de las políticas de inmigración y asilo. En una doble dirección: armonizar las legislaciones nacionales y sentar las bases para un espacio europeo de justicia. La fuerza de la declaración oficial recaía sobre el proyecto de constituir en la Unión un espacio de libertad, seguridad y justicia. En esa línea continuarían las conclusiones del Consejo de Laeken de diciembre de 2001.

Pero es el Consejo Europeo de Sevilla, de junio de 2002, el que dedica mayor atención a dotar de contenido al proyecto de una política comunitaria de asilo e inmigración. En las conclusiones de la Presidencia del Consejo se advierte, en primer lugar, que esta actuación se basa en los "principios rectores" de la Convención de Ginebra para el caso de los refugiados, y del intento de equilibrar la aspiración legítima a emigrar con la capacidad de acogida de la Unión, unido al objetivo de integrar a los "inmigrantes legales". A continuación detallan (puntos 30 a 39) tanto "medidas para luchar contra la inmigración ilegal" como los pasos para una "puesta en marcha progresiva de una gestión coordinada e integrada de las fronteras exteriores", como las pautas para la "integración de la política de inmigración en las relaciones de la Unión con terceros países", o un calendario para la "aceleración de los trabajos legislativos en curso sobre la definición de una política común de asilo e inmigración".

En el momento de la presentación del Proyecto de Constitución, las conclusiones del Consejo Europeo de Salónica, en junio de 2003, reconocen (puntos 8 a 35) los "progresos realizados" sobre el programa de Tampere y amplían los mecanismos institucionales para su realización. El reto de la integración recibe una atención pormenorizada (puntos 28 a 35). Posteriormente, el Consejo de Bruselas de octubre de 2003 "confirma el carácter de máxima prioridad atribuido a la cuestión de la inmigración ilegal y reitera su empeño en un enfoque equilibrado entre la necesidad urgente de frenar la inmigración ilegal y de luchar contra la trata de seres humanos, por una parte, y por otra, la acogida y la integración de los inmigrantes legales" (punto 30). Asimismo, el Consejo Europeo de Bruselas de diciembre de 2003 recuerda "la importancia del diálogo con terceros países de origen y tránsito de flujos migratorios y de seguir asistiendo a dichos países en sus esfuerzos por detener los flujos migratorios" (punto 23)[37].

La correlación entre inmigración, justicia y seguridad se ha reforzado, como también la idea de que la defensa de las

---

[37] La documentación sobre los consejos o cumbres europeas puede consultarse en la página de internet del Parlamento Europeo: [www.europarl.eu.int/summits].

libertades guarda una estrecha relación con la gestión integrada de esta política. Aunque no cabe sostener que el enfoque sea eminentemente policial, pues de hecho los factores policiales se compensan con los asistenciales y en todos los documentos hay una mención expresa a la salvaguarda de los derechos fundamentales de los inmigrantes, la balanza se inclina hacia uno de los lados[38].

Pero es en las asignaciones presupuestarias donde mejor se aprecia la priorización entre dichos factores. Veamos así por un momento la Comunicación de la Comisión Europea al Parlamento Europeo y al Consejo "Estrategia política anual para 2004" presentada el 5 de marzo de 2003[39]. En el documento resulta ilustrativa la comparación entre las partidas presupuestarias de justicia e interior frente a las de empleo y asuntos sociales. De trasfondo se encuentra el objetivo de preparar la entrada de diez nuevos socios el 1.° de mayo de 2004. Así, para el ejercicio 2004 la partida asignada a justicia e interior es de 343,8 millones de euros, mientras que la de empleo y asuntos sociales es de 17 millones; para 2005 la partida de justicia e interior se fija en 377.1 millones y la de

---

[38] Índice de esta asociación de ideas es, por ejemplo, la Ley Orgánica 11 / 2003 del 29 de septiembre, de medidas concretas en materia de seguridad ciudadana, violencia doméstica e integración de los extranjeros (*BOE* del 30 de septiembre de 2003), si bien es cierto que su objetivo es mejorar normativas anteriores.

[39] COM (2003) 83 del 5 de marzo de 2003: "La estrategia política anual de la Comisión constituye la primera etapa del ciclo de planificación estratégica y de programación introducido en 2001. Tiene por objeto definir las prioridades políticas de la Comisión y garantizar una adecuada correlación entre las iniciativas políticas y los recursos correspondientes de cara a la realización de las prioridades fijadas para 2004" (p. 3).

empleo y asuntos sociales en 17.5 millones; finalmente, para 2006 los fondos previstos para justicia e interior ascienden a 355.5 millones de euros, frente a los 18 millones asignados para empleo y asuntos sociales.

Podemos ahora precisar la afirmación anterior sobre la débil comunitarización de la política de inmigración: es débil al menos en la dirección constitucional señalada por los artículos 161 a 164 del Proyecto de Constitución, pues la comparación entre el plano constitucional y el sentido de las políticas de inmigración permite advertir, en cambio, una separación normativa entre ambos. Tanto desde las políticas de los diferentes Estados como desde la estrategia de la Unión. De momento, el escenario que la Comisión Europea ha planteado para lo que llama "Tampere II" supone una apuesta para reforzar su estructura institucional en términos de seguridad interior.

VII. El reto de la integración cívica

No es paradójico, sino más bien indicativo del modelo que orienta la actuación política. Y ello pese a que estrategias similares en los Estados miembros de la Unión han producido una integración insuficiente. En concreto, esquemas de integración multicultural que han terminado por ser disfuncionales tanto para el bienestar de las comunidades inmigrantes como para la cohesión interna de las sociedades de acogida[40]. Por otra parte, los esfuerzos para integrar a los residentes legales dejan sin resolver el problema de un

---

[40] Ewald Engelen. "How to combine Openness and Protection? Citizenship, Migration, and Welfare Regimes", en *Politics & Society*, 31/4, diciembre de 2003, pp. 503 a 536.

número creciente de inmigrantes que no llegan a ser admitidos legalmente[41]. Su alternativa en la búsqueda de oportunidades que mueve a la migración pasa por la participación en la economía sumergida, cuando no por la entrada en las redes de tráfico de inmigrantes[42].

La competencia entre la regularización y la clandestinidad, o entre las redes legales y las redes de tráfico ilegal, caracteriza, en síntesis, las alternativas que se abren a los inmigrantes y sobre las que los Estados tienen mucho que decir. No habría que olvidar que de los aproximadamente 200 Estados de la comunidad internacional apenas la mitad cualifica como democracias liberales y que unas tres cuartas partes de la población mundial habitan en países que carecen de las instituciones mínimas del Estado de derecho. La emigración es, por tanto, una necesidad vital, tanto como la inmigración a las sociedades avanzadas supone un recurso indispensable para el mantenimiento de su bienestar.

En el plano de la coordinación y de la acción conjunta entre organizaciones internacionales y Estados en la lucha contra las redes de inmigración ilegal y el tráfico de personas deben mencionarse las iniciativas de la Organización Internacional

---

[41] Este desajuste ha recibido una atención temprana por Rogers Brubaker. "Membership without Citizenship: the Economic and Social Rights of Non-citizens", en R. Brubaker (ed.). *Immigration and the Politics of Citizenship in Europe and North America*, Lanham, Md, German Marshall Fund y University Press of America, 1989, pp. 145 a 162. Para el caso español cfr. Ruth Rubio Marín. "El reto democrático de la inmigración ilegal a la luz del debate actual en España", cit.

[42] Ubaldo Martínez Veiga. "Pobreza absoluta e inmigración irregular: la experiencia de los inmigrantes sin papeles en España", en *Papeles de Economía Española*, 98, 2003, pp. 214 y ss.

para las Migraciones. No es la única institución[43], pero su especialización ha favorecido un rendimiento eficaz de la estrategia de cooperación multilateral. Así, por ejemplo, su acción cobra mayor alcance con la entrada en vigor el 29 de septiembre de 2003 de la Convención de Naciones Unidas contra el Crimen Organizado Transnacional; o del Protocolo para la Prevención, Supresión y Castigo del Tráfico de Personas, especialmente Mujeres y Niños el 25 de diciembre de 2003[44].

En el caso específico de la Unión Europea, puede destacarse su iniciativa para la celebración de la Conferencia Europea sobre la Prevención y la Lucha contra el Tráfico de Seres Humanos en septiembre de 2002. Entre las recomendaciones de la llamada Declaración de Bruselas había dos especialmente relevantes: la inclusión de la prevención y la lucha contra el tráfico de seres humanos en la agenda social europea, y la necesidad de que la Unión Europea desarrolle una estrategia comprehensiva para su tratamiento[45]. La prime-

---

[43] La Comisión de Derechos Humanos de las Naciones Unidas ha desarrollado desde 1967 el mandato de la Asamblea General de vigilar el cumplimiento por los Estados del derecho humanitario internacional. Dentro de su sistema de protección en 1999 se crea la figura de la Relación Especial para los Derechos Humanos de los Migrantes, que desarrolla una labor de seguimiento documental y negociación institucional (la primera relatora especial ha sido la costarricense GABRIELA RODRÍGUEZ PIZARRO). Cfr. PABLO ESPINIELLA. "Los mecanismos temáticos de derechos humanos: la Relación Especial para los Derechos Humanos de los Migrantes", en FERNÁDEZ SOLA y CALVO GARCÍA (coords.). *Inmigración y derechos*, cit., pp. 15 a 21. Para una presentación actualizada de sus actividades: [www.unhchr.ch].

[44] Cfr. la información en el boletín electrónico trimestral *Trafficking in Migrants*, 28, diciembre de 2003: [www.iom.int].

[45] Ibíd., 26, septiembre de 2002. De la cooperación con el Gobierno español

ra, que ha recibido atención monográfica en las cumbres europeas desde el Consejo Europeo de Tampere en 1999, se aborda en el diseño del espacio de libertad, seguridad y justicia (Proyecto de Constitución Europea, arts. 153 y ss.). La segunda supone, como reconoce la Declaración, un salto cualitativo sobre los programas de cooperación y coordinación en estas materias STOP y STOP-II, así como sobre el programa de protección a las víctimas (AGIS), para integrarlos junto con nuevas medidas de información, acciones policiales y judiciales, y de refuerzo de las redes legales.

Este último punto nos lleva al núcleo de la cuestión sobre el tratamiento político de la inmigración ilegal, que ha recibido hasta ahora en las agendas políticas de la Unión Europea y de España una atención secundaria. Y, sin embargo, como las cifras de la experiencia española actual ponen de relieve, se ha convertido en uno de los grandes retos para la convivencia civil.

Reforzar las redes legales creo que es la condición fundamental para que funcione una estrategia comprehensiva. Su acción puede contrarrestar el tráfico ilegal y, sobre todo, mejorar el tratamiento humanitario, asistencial, económico y cívico de la inmigración. Puede que no tengamos evidencia empírica de los costes de una política de refuerzo de garantías legales para la inmigración, pero la tenemos de su enfoque en términos de control policial y de seguridad interior: son crecientes y su incidencia en la paz social es controvertida[46].

---

resultó la puesta en marcha en 2003 de un programa para facilitar el retorno voluntario de extranjeros a sus países de origen (Balance 2003 de la Delegación del Gobierno para la Extranjería y la Inmigración, p. 5).

46 Desde un punto de vista comparativo, resulta de interés el análisis de

En cambio, sí disponemos de datos verificables sobre las consecuencias económicas de la inmigración, sobre su impacto positivo en las economías receptoras y su beneficio para los países de origen.

Afortunadamente, el Proyecto de Constitución Europea elimina el veto y opta, en cambio, por la toma de decisiones por mayoría cualificada en materia de inmigración. Esta comunitarización de la política de inmigración bajo condiciones más flexibles abre la oportunidad de llevar a cabo una gestión no sólo más ágil y puede que eficaz, sino también más justa. Sobre todo porque permite dar pasos en la dirección de una cooperación reforzada con los países de origen, como había planteado el Consejo Europeo de Salónica (punto 30). Esta vía exige sin duda una refinanciación al alza de los programas de cooperación con terceros países y, antes, de los programas comunitarios y nacionales de atención a los inmigrantes.

Pero la cooperación no sólo debería extenderse a los Estados: las redes ilegales compiten al mismo tiempo con las redes legales que regulan los Estados, con las redes de ayuda a los inmigrantes de organizaciones humanitarias y con las propias redes cívicas que crean los inmigrantes. De esta forma, la cooperación debería ir encaminada, en primer lugar, a potenciar los mecanismos legales de acceso de los inmigrantes a las sociedades de acogida (conjugando criterios humanitarios con un cálculo realista de las necesidades del mercado de trabajo y una simplificación racional de los procedimientos adminis-

---

TERESA HAYTER del caso británico en *Open Borders: the Case against Immigration Controls*, London, Pluto Press, 2000, pp. 21 a 63.

trativos para la entrada y la residencia legales)[47]; y, en segundo lugar, a fortalecer la participación de las organizaciones de ayuda a los inmigrantes en la negociación entre Estados de las políticas de inmigración e integración[48].

En términos pragmáticos las ONG adquieren una perspectiva fiable de la complejidad de condiciones que existen en el origen y en el itinerario de la inmigración. Al mismo tiempo su acción se encuentra estrechamente ligada a las redes de ayuda que los inmigrantes crean en las sociedades receptoras. Estas redes no tienen sólo un carácter de protección socio-laboral. Son en un sentido genuino redes cívicas de capacitación civil de los inmigrantes y como tales constituyen una aportación a la convivencia y a la estabilidad social. Su huella se reconoce en el perfil multicultural de nuestra sociedad, pero todavía ese perfil representa sólo la primera etapa de lo que se anticipa como una transformación cívica de la sociedad liberal.

Los esquemas multiculturales operan sobre un mecanismo de integración de las diferencias culturales de grupo en un mismo marco de convivencia[49]. No van dirigidos a pro-

---

[47] Resulta revelador cómo la Ley 14/2003 introduce, como en Italia o Bélgica (y ya mucho antes en Estados Unidos), la figura del "visado para búsqueda de empleo", aunque con una validez improrrogable de tres meses (art. 39.5), pero, en otro orden de cosas, limita el derecho a la reagrupación familiar en cadena al exigirse al demandante las condiciones de residencia permanente y solvencia económica (art. 17.3).

[48] En España, su participación en el Foro para la Integración Social de los Inmigrantes es reducida, mientras que en el Observatorio Permanente de la Inmigración (que pasó del Ministerio de Trabajo y Asuntos Sociales al Ministerio del Interior) no tienen ningún papel: cfr. [www.dgei.mir.es].

[49] Querría destacar en este punto los trabajos de RICARD ZAPATA en defensa

ducir una asimilación completa de las comunidades inmigrantes, pero el equilibrio que tratan de mantener depende en última instancia de una experiencia permanente de negociación entre los grupos por el acceso a los recursos comunes de la sociedad. Es decir, por el acceso a los recursos públicos que todos, ciudadanos e inmigrantes, contribuyen a crear. Desde un punto de vista fiscal y económico las cifras no ofrecen dudas sobre la contribución de los inmigrantes a las comunidades receptoras. Como contrapartida, la integración económica de los inmigrantes es tan flexible que tanto en la economía oficial como en la sumergida su papel se reconoce vital[50].

Desde un punto cívico la situación es diferente. Es cierto que el pluralismo cultural se ha convertido en uno de los rasgos definitorios de las sociedades liberales. En algunos casos esta condición ha generado equilibrios multiculturales basados en una distribución limitada de los recursos comunes para facilitar la autonomía de las comunidades culturales. Pero el multiculturalismo no es sólo un esquema de convivencia cultural. Es también un modelo para la organización política y, en concreto, para la gestión de las políticas públicas[51].

---

de una cultura de la acomodación de los inmigrantes en la sociedad de los ciudadanos, si bien el modelo parece operar sobre el supuesto de que el espacio compartido es limitado, algo que se separa de la experiencia real del espacio de los derechos como un entorno expansivo. Cfr. su estudio "¿Existe una cultura de la acomodación en España? Inmigración y procesos de cambio en España a partir del 2000", en Documentos CIDOB, 1, 2004.

50 Saskia Sassen. *Globalization and its Discontents: Essays on the New Mobility of People and Money*, New York, The New Press, 1998, pp. 153 a 172.

Como tal se encamina en la búsqueda no sólo de nuevas formas de convivencia civil, sino también de nuevas formas de gobierno democrático, o de autogobierno ciudadano.

Esta doble búsqueda puede poner de manifiesto el elevado coste de las fórmulas tradicionales de convivencia multicultural que desembocan en la coexistencia incomunicada de comunidades diferentes[52]. No creo que la discusión en este punto se debiera dirigir a cuestionar que el límite para el reconocimiento de las diferencias culturales lo establezcan los parámetros de reconocimiento y protección del constitucionalismo liberal, en concreto, a través de la referencia de los derechos fundamentales. El debate nos sitúa más bien en el terreno de la defensa real de las mismas instituciones que hacen posible la convivencia.

Desde luego que el esquema de reconocimiento de derechos diferenciales permite un acceso de las comunidades culturales a los servicios públicos comunes y en esa medida su papel es fundamental, pero es limitado si no favorece una integración cívica plena de los inmigrantes. La inclusión cívica es la clave para la responsabilización de los individuos por el cuidado de lo común. Pero la defensa de las instituciones comunes sólo se hace posible cuando los afectados participan plenamente en su funcionamiento.

---

[51] MATTEO GIANNI ofrece una sugerente interpretación en el contexto de sociedades multinacionales en "Multiculturalism, Differentiated Citizenship, and the Problem of Self-determination", en FRED DALLMAYR y JOSÉ M. ROSALES (eds.). *Beyond nationalism? Sovereignty and Citizenship*, Lanham, Md, y New York, Lexington Books, 2001, pp. 221 a 240.

[52] NATHAN GLAZER. *We are all Multiculturalists now*, Cambridge, Ma, Harvard University Press, 1997, pp. 122 a 146.

Una reforma de las políticas de inmigración e integración que vinculara el acceso al estatuto de la ciudadanía a criterios razonables de residencia en la comunidad política no sólo podría dar una respuesta constitucionalmente eficaz al reto de la inclusión de los inmigrantes estables no regularizados[53]. Mostraría también un renovado rostro de las sociedades liberales multitulturales como comunidades abiertas e inclusivas. El nuevo orden constitucional europeo descansa en este contexto sobre un equilibrio entre la regulación de la inmigración y la reforma de las condiciones de acceso a la comunidad política. No son opciones inconciliables, pero sólo su acercamiento dará la medida real de la aspiración constitucional de hacer de Europa "un espacio privilegiado de la esperanza humana", el espacio igualitario y universalista que anticipan los derechos humanos.

[53] Resulta esclarecedora la argumentación de Miguel Pajares sobre el derecho a emigrar, su falta de correspondencia con un (inexistente) derecho a inmigrar y la alternativa de una aplicación coherente del derecho a la igualdad en la legislación y la política europeas: *La inmigración en España: retos y propuestas*, Barcelona, Icaria, 1998, pp. 193 a 279.

CAPÍTULO CUARTO
DEFENSA DE UNA CIUDADANÍA MÍNIMA UNIVERSAL

José Manuel Bermudo
Catedrático de Ética y Filosofía Política
en la Universidad de Barcelona

Tercer artículo definitivo de la paz perpetua: "El derecho de ciudadanía mundial debe limitarse a las condiciones de una universal hospitalidad. Tratase aquí, como en el artículo anterior, no de filantropía, sino de derecho. Significa hospitalidad el derecho de un extranjero a no recibir un trato hostil por el mero hecho de haber llegado al territorio de otro. Éste puede rechazarlo si la repulsa no ha de ser causa de la ruina del recién llegado; pero mientras el extranjero se mantenga pacífico en su puesto no será posible hostilizarlo. No se trata aquí de un derecho por el cual el recién llegado pueda exigir el trato de huésped –que para ello sería preciso un convenio especial benéfico que diera al extranjero la consideración y trato de un amigo y convidado–, sino simplemente de un derecho de visitante, que a todos los hombres asiste: el derecho a presentarse en una sociedad. Fúndase este derecho en la común posesión de la superficie de la tierra; los hombres no pueden diseminarse hasta el infinito por el globo, cuya superficie es limitada, y, por tanto, deben tolerar mutuamente su presencia, ya que originariamente nadie tiene mejor derecho que otro a estar en determinado lugar del planeta

[...] La comunidad –más o menos estrecha– que ha ido estableciéndose entre los pueblos de la tierra ha llegado ya hasta el punto de que una violación del derecho, cometida en un sitio, repercute en todos los demás; de aquí se infiere que la idea de un derecho de ciudadanía mundial no es una fantasía jurídica, sino un complemento necesario del código no escrito del derecho político y de gentes, que de ese modo se eleva a la categoría de derecho público de la Humanidad y favorece la paz perpetua, siendo la condición necesaria para que pueda abrigarse la esperanza de una continua aproximación al estado pacífico" (I. Kant. *Proyecto de paz perpetua*).

I. La tesis y los límites de la argumentación

Me propongo argumentar que el discurso liberal no puede, sin entrar en contradicción con sus principios básicos, negar el derecho universal a la ciudadanía mínima. El derecho a la ciudadanía lo entendemos no como derecho de cada individuo a tener una patria, sino a elegir la comunidad en que desarrollar su vida. Por ciudadanía mínima entendemos la pertenencia a una comunidad política, que sin duda conlleva un repertorio de derechos, pero que no exige identidades étnicas o culturales; la distinguimos de la ciudadanía plena, que refiere al ideal de vida democrático y que, sin duda, conlleva formas diversas de identidad. El derecho a la ciudadanía mínima no es alternativo al derecho a la ciudadanía; pero puede ser distinguido y diferenciado.

Apresurémonos a decir que esta distinción, que puede implicar una diferenciación entre ciudadanos, no responde a un ideal antiigüalitarista, ni a razones de estrategias posibilistas; responde a la idea de que en el mundo actual dicha distinción supone una profundización en la libertad de los individuos al poder elegir entre la ciudadanía plena y la ciudadanía mínima. La ciudadanía plena, que implica o exige el compromiso de una mayor identidad ética y cultural, tiene sentido en el escenario del Estado-nación, en el que surgió; la ciudadanía mínima, en cambio, parece un derecho ajustado al mundo globalizado, que posibilita trabajar en cualquier Estado, de forma temporal o estable, al tiempo que se mantienen los derechos propios de la ciudadanía plena en un Estado distinto (normalmente el de nacimiento o identidad étnica)[1].

Restringiremos nuestra argumentación al escenario del discurso liberal. Por tanto, dejamos abierta la posibilidad de que, desde otros discursos, con otros principios ontológicos y axiológicos, pueda afirmarse o negarse ese derecho. La situación actual determina que sean las democracias liberales y capitalistas los lugares donde se ejerce la resistencia a reconocer el derecho universal a la ciudadanía mínima; el discurso liberal es, pues, el obstáculo (el discurso y otras cosas, pero contra ellas puede poco la filosofía). En fin, asumimos

---

[1] Esta idea debe perfilarse en el marco de una revisión a fondo del estatuto de ciudadanía que contemple una diversidad de figuras ajustadas a la crisis del Estado nacional y la aparición de formas de pertenencia múltiples y cruzadas. Cfr. W. ROGERS BRUBAKER (ed.). *Immigration and the Politics of Citizenship in Europe and North America*, New York y London, University Press of America, 1989; ÍD. *Citizenship and Nationhood in France and Germany*, Cambridge, Mass., Harvard University Press, 1992; FRANK MODERNE et ál. *Ciudadanía y extranjería*, Madrid, Edit. McGraw-Hill, 1998. También alude al tema de las ciudadanías múltiples y diferenciadas BOTTOMORE, en T. H. MARSHALL y TOM BOTTOMORE. *Ciudadanía y clase social*, Madrid, Alianza Editorial, 1992.

conscientemente una línea de reflexión negativa, pues no aspiramos a mostrar la exigencia moral de la inclusión del derecho de ciudadanía mínima en el *corpus* ético jurídico liberal, sino la inconsistencia o arbitrariedad de su exclusión. Es poco, pero tal vez sea lo único que la filosofía puede hacer por esta causa.

II. Renovación del debate

El escenario en el que habitualmente se sitúa la reflexión sobre la ciudadanía sigue siendo el del trabajo de T. H. Marshall. *Ciudadanía y clase social* (1950)[2]. Como es sabido, Marshall estableció dos tesis sobre la ciudadanía que han tenido fortuna. La primera define su esencia constituida por tres elementos: pertenencia, participación y derechos; la segunda describe la evolución histórica de su contenido como creciente hegemonía de los derechos, tanto en sentido absoluto, por la incesante ampliación de los mismos que incluye (civiles, políticos, sociales), como en sentido relativo, en cuanto la preocupación por la mera titularidad de los derechos arrincona a la llamada a la participación. De ello saca Marshall unas consecuencias que aquí no nos proponemos valorar[3].

---

2 Puede encontrarse en Marshall y Bottomore. *Ciudadanía y clase social*, cit.

3 Lo hemos hecho en "Ciudadanía e inmigración", en H. Capel (ed.). *Actas del III Coloquio Internacional de Geo Crítica sobre Migración y Cambio Social*, Barcelona, Departamento de Geografía Humana, 2001 (también aparecerá en la revista *Estudios Políticos* del Instituto de Estudios Políticos, Universidad de Antioquia).

En cambio, sí pretendemos subrayar que este enfoque, en sí mismo interesante y atractivo cuando se piensa la ciudadanía mirando desde dentro, es decir, cuando se pretende definir el buen orden político, el buen ciudadano, la vida política ideal, etc., ese enfoque, decimos, implica duros obstáculos cuando se pretende pensar la ciudadanía desde el lado de la emigración; obstáculos especialmente difíciles y perversos en cuanto aparecen enmascarados, con el neutral disfraz de mera perspectiva.

Dicho efecto, en resumen, consiste en acotar subrepticiamente el problema de la ciudadanía a problemas internos a un universo cerrado, el del Estado nacional. Impuesto el escenario, el debate en el mismo acaba siendo, con cuantos matices e imaginación se aporten, una confrontación entre dos concepciones: una que llama a intensificar el elemento de participación, y que suele tener más atractivo para políticos y pensadores progresistas, y otra que se limita a reivindicar más y más amplios derechos, de la que suele apropiarse el discurso liberal. Pero el tercer elemento de la idea marshalliana, la pertenencia, acaba siendo sacrificado, olvidado o simplemente menospreciado. Como los protagonistas del debate siempre han estado dentro, su problema ha sido siempre el de la calidad de la ciudadanía dentro del Estado, dentro de cada Estado; el problema de la pertenencia, del derecho a la ciudadanía, del derecho a elegir una comunidad política donde vivir, quedaba muy marginalizado, y apenas salía a la superficie en momentos excepcionales y ante condicionantes exteriores.

Bien mirado, la pretensión de diseñar al buen ciudadano, de describir el ideal de ciudadanía casi como modo de vida buena y beata, exige precisamente hacer abstracción de los problemas hoy candentes, como la emigración, la multiculturalidad, los nacionalismos, etc., y encerrarse imaginariamente en el mundo acabado y cerrado del Estado, con fronteras bien definidas, con la mirada puesta en los problemas internos, es decir, en la estructuración del orden político. Pero hoy, cuando el Estado nacional sufre esas y otras muchas presiones exteriores, cuando se trata de prestar atención a las inestables y confusas fronteras que acotan el adentro y el afuera de la ciudadanía, pierde actualidad el debate derechos *versus* participación, que configura la lucha política en el seno del Estado nacional, y gana inevitable presencia la pertenencia, es decir, la inclusión *versus* la exclusión, que acabará por configurar el nuevo orden político del mundo. Dicho de forma más rotunda: hoy la cuestión filosófica y políticamente relevante no es solucionar el viejo problema de la ciudadanía del Estado moderno, que asumía espontánea y acríticamente la legitimidad de su universo de reflexión y acción cerrado; hoy la cuestión urgente es recuperar el tema de los límites de los Estados, de la legitimidad de la apropiación particular-nacional de los recursos, en definitiva, de la arbitrariedad de las fronteras.

Podría decirse: los dos problemas están relacionados y pueden jugarse en la misma batalla. Tal vez, pero no estoy seguro de que se ganen o pierdan al mismo tiempo. En todo caso creo que, al menos hoy, dada la confusión existente, el problema importante es el de la pertenencia, y la separación de los escenarios no sólo facilita el análisis sino que implica clarificación ideológica y demarcación de los compromisos políticos. Sólo con una nueva topografía podemos liberarnos del contagio y la presión de una línea de reflexión que, pensada desde dentro del Estado nacional, continúa contaminando el discurso actual sobre la ciudadanía, incluso a quienes subjetivamente adoptan dentro del mismo una opción universalista.

La influencia de la teoría de MARSHALL causa estragos al imponer un escenario de análisis que, cual tela de araña, atrapa al discurso[4]. Ha conseguido, por ejemplo, que la descripción histórica de la ciudadanía se haga en claves de participación / no participación, de súbditos / ciudadanos, es decir, en el enfoque de la lucha por los derechos civiles, políticos, sociales o laborales, de tercera o de séptima generación. Una historia sin duda apasionante; una historia a cuya reconstrucción no podemos renunciar, dejando que nos la escriban otros. Pero una historia que ha ocultado otra, otra historia de la ciudadanía, en claves de inclusión / exclusión. Si aquella iluminaba la justicia y moralidad en el seno de un Estado nacional soberano, dentro de sus fronteras, ésta pretende iluminar la injusticia y la inmoralidad en la constitución de la soberanía, en la fijación de esas fronteras.

Un ejemplo de la potente influencia de la perspectiva marshalliana y de la reconstrucción histórica que impone nos lo ofrece la tópica aceptación, entre los estudiosos de la ciudadanía, de una línea de demarcación entre la ciudadanía en el mundo griego y en el romano. La idea es ampliamente compartida en nuestro ámbito iniversitario[5]. Con insistencia

[4] Creo que un buen ejemplo nos lo ofrecen varios de los trabajos recogidos en FERNANDO QUESADA (ed.). *Naturaleza y sentido de la ciudadanía hoy,* Madrid, UNED Ediciones, 2002. Así lo hemos argumentado en nuestro comentario del libro, que con el título "Reflexionando sobre la ciudadanía" se publicará en la *Revista Internacional de Filosofía Política.*

[5] Cfr. JOSÉ MARÍA ROSALES. *Política cívica. La experiencia de la ciudadanía en la democracia liberal,* Madrid, Centro de Estudios Políticos y Constitucio-

se vuelve a distinguir entre los modelos de ciudadanía griega y romana, aquella refiriendo a un modo de vida comunitario y ésta a un vínculo jurídico, abstracto y racional, entre el individuo y la comunidad civil. La ciudadanía romana es tratada como el acceso de los individuos a una condición jurídica igualitaria y universalista, quitando significado a los lazos comunales que operaban en el modelo griego, sustituidos por una simple relación contractual. O sea, vienen a distinguir entre una ciudadanía cuasi identificada con la participación y fuertemente determinada por factores éticos y / o étnicos (culturales, sociales, históricos, biológicos, etc.), y otra que pasa a constituirse como relación jurídica e identificarse con los derechos que pone en juego el contrato.

¿Es correcta esta interpretación? De entrada parece que la distinción entre dos modelos de ciudadanía, uno ateniense (más que griego) y otro romano-imperial[6], no es ni verdadera ni falsa, y puede ser hermenéuticamente fecunda. Destacar la importancia que en el modelo romano tenía el derecho parece innegable y suficiente para oponerlo al ateniense, más comunitario que asociativo. Afirmar que en el Estado moderno el derecho juega también un papel determinante de la identidad civil, que sustituye a las identidades prepolíticas, seguramente es razonable. Parece cierto que la ciudadanía moderna descrita en el discurso liberal es una ciudadanía definida más por los derechos que por una pertenencia étnica o territorial, y que el vínculo político jurídico desplaza y silencia

---

nales, 1998, pp. 163 y ss.; A. MONSALVE. "Ciudadanía multicultural", *Actas del 3CSIEU*; JAVIER PEÑA. "La formación histórica de la idea de ciudadanía", en QUESADA. Ob. cit., pp. 39 a 76.

[6] Se instaura con la Constitutio Antoniniana de 212 d. de C.

al histórico cultural, hecho que ha llevado a que algunos romanistas hablen de un retorno al *civis* romano[7].

Hay que reconocer que si CICERÓN define la sociedad política –*res publica*– como asociación de hombres unidos por un ordenamiento jurídico[8], los modernos parecen seguir con la idea del Estado como libre y voluntaria asociación. HOBBES define la *civitas* o *república* como "una persona cuyos actos ha asumido como autora una gran multitud, por pactos mutuos de unos con otros"[9], destacando así el carácter voluntario y contractual de la institución. LOCKE, en la misma dirección, dice que "aquellos que están unidos en un cuerpo y tienen establecida una ley común y una judicatura a la que apelar, con autoridad para decidir entre las controversias y castigar a los ofensores, forman entre sí una sociedad civil"[10]. Y ROUSSEAU, con mayor fuerza comunitaria, tras señalar que por el pacto social cada uno pone en común su persona y todo su poder bajo la suprema dirección de la voluntad general, dirá que "este acto de asociación produce inmediatamente, en lugar de la persona particular de cada contratante, un cuerpo moral y colectivo compuesto de tantos miembros como votos tiene la asamblea, el cual recibe de este mismo acto su unidad, su yo común, su voluntad y su vida. Esta persona pública que así se constituye con la unión de todas las demás tomaba en otro tiempo el nombre de *Ciudad*, y ahora el de *República* o *cuerpo político*"[11].

---

7 Cfr. G. CRIFÒ. *Civis. La cittadinanza tra antico e moderno*, Bari, Laterza, 2000.

8 CICERÓN. *Sobre la República*, I, 25, 39.

9 T. HOBBES. *Leviatán*, II, XVII.

10 J. LOCKE. *Segundo tratado sobre el gobierno civil*, VII, § 87.

11 J.-J. ROUSSEAU. *Del contrato social*, I, VI.

Pero sigo sospechando que todas estas semejanzas no permiten un acercamiento entre los dos modelos; sospecho que la identidad entre los "individuos" del Imperio romano era muy diferente a la proporcionada por la patria moderna; sospecho que allí no existían los "sujetos de derecho" ni los "patriotas" del Estado moderno. Ahora bien, estas sospechas o discrepancias son irrelevantes para nuestro objetivo actual; afectan sólo a la verdad o consistencia de las interpretaciones históricas. Si traigo a colación este debate es para mostrar que el planteamiento, el mismo escenario, al forzar una comparación entre los interiores de los dos modelos, presuntamente clausurados por un vínculo jurídico, contribuye a ocultar el problema de la institución o del origen. Si pusiéramos la mirada en el momento cero de ambos, destacarían en cambio las diferencias: el orden imperial romano no es pensado fruto de un contrato; y, por tanto, la pertenencia, el derecho a quedar fuera o dentro, a salir o entrar, tiene en cada caso un trato muy diferente.

Estas reflexiones sólo pretenden ilustrar que la carencia principal del debate sobre la ciudadanía es el olvido de la pertenencia; insistir en que la misma se decide en el Estado moderno mediante un vínculo jurídico en lugar de determinaciones prepolíticas, no dice nada sobre el verdadero problema, y contribuye a ocultar la existencia o no de exclusiones en el origen y la legitimidad de las mismas. El cambio de la determinación del *status* de ciudadano será sin duda relevante para la evolución del estatuto de ciudadanía; pero silencia y enmascara el problema del derecho a la ciudadanía. Cuando Jean Bodin, uno de los primeros teóricos del Estado moderno, afirma con naturalidad que el ciudadano es "el súbdito franco dependiente de la soberanía de otro", y considera un gran error "definir al ciudadano como quien tiene acceso a las magistraturas y voz y voto en las asambleas del pueblo"[12], está advirtiéndonos que lo importante es estar dentro, aunque sea como ciudadano súbdito. Para el jurisconsulto francés, el ciudadano es "el súbdito libre que depende de la soberanía de otro", y considera que "error sumo es aceptar que sólo es ciudadano el que tiene acceso a las magistraturas y voz deliberante en las asambleas del pueblo"[13], de acuerdo con la definición aristotélica.

La historia del estatuto de la ciudadanía, que es la historia del Estado liberal democrático, es sin duda una historia que no se debe olvidar; pero también la otra, la de las exclusiones que implica el Estado como espacio de identidad clausurado, ha de mantenerse presente. Elegimos, pues, como escenario la pertenencia, y no los contenidos o calidad de la ciudadanía. Y puesto que el contrato es el origen del *status* de ciudadano y del estatuto de ciudadanía, nos interesa investigar si también puede decidir sobre el derecho a la ciudadanía, si éste es previo como los derechos naturales, si es un trascendental del contrato; en fin, nos interesa especialmente la relación entre el contrato y la pertenencia a una comunidad política, siempre en los límites del discurso liberal.

III. La doble naturaleza de la ciudadanía

Creo que hay un acuerdo general en atribuir a los seres humanos el derecho a la ciudadanía, en el sentido de derecho a una

---

[12] J. Bodin. *Los seis libros de la República*, I, 6: "Le franc subject tenant de la souveraineté d'autrui". Cito por la traducción de P. Bravo Gala en Tecnos, Madrid, 1985.

[13] Ibíd., I, 6, 123.

patria. Por eso los Estados democráticos y humanitarios, para expulsar a un ilegal, han de encontrar previamente otro Estado que los acoja. En cambio, no existe ese acuerdo si el derecho de la ciudadanía se entiende como derecho de cada uno a elegir su patria, la comunidad política en la que quiere realizar su vida. Se considera la ciudadanía un bien, por tanto objeto de apropiación, y en buena lógica se reconoce a todo el mundo el derecho abstracto y no vinculante a poseerlo, como la vivienda o el automóvil, aunque cada uno el suyo y si lo compra en el mercado. Y como ese mercado lo controlan los Estados, en rigor se niega al hombre el derecho a la ciudadanía, aunque para mitigar el olor a inmoralidad se dejan abiertas las puertas con derecho reservado de admisión. Se niega, por tanto, la ciudadanía como un derecho del hombre y, en cambio, se aprueba la misma como un bien particular, nacional, que el Estado gestiona como mercancía y, a veces, concede como beneficencia. A fin de cuentas se piensa la ciudadanía como un bien y una propiedad, no como un derecho universal del hombre.

No es fácil argumentar la ciudadanía como derecho universal, pues la filosofía hoy no puede caer en el anacronismo de reivindicarla con referencia a una esencia común a los seres humanos. En todo caso, no está claro que en el discurso liberal se atribuya a los hombres el derecho universal a la ciudadanía. En las sucesivas declaraciones de derechos pueden encontrarse algunas referencias ambiguas e implicaciones mediatas a favor, pero en ningún caso aparece de forma explícita y contundente; tampoco conocemos ninguna constitución política positiva en la que se afirme tal derecho. La moral común, por su parte, no lo prescribe con precisión, por lo que en modo alguno puede hablarse de un acuerdo generalizado o compartido a favor del reconocimiento de la ciudadanía universal. Dada esta situación se comprende que el debate se transforme en una prolongada confrontación entre quienes persisten en afirmar la evidencia racional del derecho de ciudadanía universal y quienes insisten en tratar el problema como asunto de benevolencia que, como se sabe, es siempre limitada.

FRANCISCO LAPORTA nos describe con énfasis este escenario, tratando de los problemas ético-políticos planteados al mundo occidental por la emigración, que nos exigen respuestas urgentes: "Para empezar hay dos respuestas que pocos parecen animados a dar: la primera es la de abrir de par en par las fronteras de nuestros países para que inmigre todo aquel que lo desee sin obstáculo ni limitación alguna; la segunda es atrancar esas puertas por dentro para que no entre nadie, cualquiera que sea su situación"[14]. La tercera vía que postula LAPORTA, tal vez necesaria en política pero que siempre ha de ser sospechosa para la filosofía, será compleja, matizada y siempre revisable, procurando la armonía universal, que siempre es más fácil de conseguir por la sumisión de los débiles. Yo creo que la expresaba bien, en septiembre de 2002, un dirigente político catalán cuando, interpelado sobre el tema, contestaba con cara de mala conciencia: "Si llaman a mi puerta (los emigrantes) la abro; pero haré lo posible para que no llamen". Que, traducido a nuestro juego de lenguaje, viene a ser: no les considero con derecho, pero sí objetos de mi benevolencia y bonhomía. Deseamos que esta respuesta sea

---

[14] F. J. LAPORTA. "Inmigración y respeto", en *Claves de Razón Práctica*, 114, julio-agosto de 2001, pp. 64 a 68, cita en p. 64.

una exigencia de la ética de responsabilidad, necesaria en política; por suerte en filosofía aún podemos fingir que en nuestro universo moral rige la convicción, o sea, que aún podemos plantearnos el problema en términos de derecho, donde no caben matices ni escalas.

Hay muchos autores, de talante progresista, que no dudan en afirmar la universalidad de la ciudadanía y que con más o menos éxito intentan argumentarla. Nuestro compañero José María Rosales ha defendido lo que me atrevo a llamar una *teoría de la doble naturaleza de la ciudadanía*. Parte de una tesis muy extendida conforme a la cual la relación jurídica que instaura el orden político –romano y moderno– aporta una nueva identidad, que se sobrepone a las diferencias étnicas, históricas, culturales, entre los pueblos del Imperio o del Estado; la relación jurídica constituía la *identidad civil*, una nueva condición del hombre, "un tipo de identidad que se sumaba a cualquier otra identidad ostentada por los individuos"[15].

Esa nueva identidad es de naturaleza nueva (jurídica y no ética o étnica) e independiente (derivada del pacto, que presupone la libertad, y no de las relaciones de adscripción o pertenencia). Y teniendo en cuenta la naturaleza escindida del individuo moderno, afectado por esa doble pertenencia étnico-cultural y político-jurídica, miembro de una nación y ciudadano de un Estado –representación que pertenece al imaginario liberal, Rosales podrá situar la ciudadanía como resultado de un contrato: "Al estar basada en un acceso contractual, la ciudadanía exigía de cada individuo la libre

---

[15] Rosales. Ob. cit., p. 164.

adopción de los principios de la condición civil"[16]. Si la pertenencia étnica respondía a determinaciones naturales, la pertenencia político-jurídica aparece como resultado de una decisión voluntaria entre individuos libres, como fruto de un contrato. Queda así establecida la naturaleza contractual de la ciudadanía.

Pero, además de esa naturaleza contractual, ROSALES afirma también de la ciudadanía su naturaleza "universalista". Lamentablemente, la universalidad suele atribuirse a la ciudadanía de forma muy normativa, casi como exigencia del imperativo moral kantiano. Parece que un derecho no universal es mero privilegio; repugna a nuestra tradición cultural la defensa de derechos particulares, de grupos, etc. Esto es cierto y es una buena razón a favor de una ciudadanía universal. Lo que ocurre es que, en nuestros días, es esta idea de que la universalidad sea intrínseca a los derechos, tan propia del discurso liberal, la que está abierta y radicalmente cuestionada, al menos respecto a "algunos" derechos. La conciencia de nuestro tiempo es menos sensible a la inmoralidad intrínseca del particularismo. Sin pudor se reivindica la diferencia y la asimetría, los derechos nacionales, comunitarios y contextuales, y el óptimo paretiano configura un mundo de derechos de minorías, donde cada grupo tenga su específico repertorio de derechos. Sea con indiferencia, sea con complicidad, a menudo presenciamos un discurso que bajo la legítima defensa de justas discriminaciones positivas oculta una metodología peligrosa al habituar a la conciencia y al pensamiento a aceptar como natural la particularidad, el trato distinguido.

---

16 Ídem.

Y de la doble naturaleza de la ciudadanía Rosales –para acabar de esbozar su tesis– extrae la contingencia del estatuto de ciudadanía, que ha de permanecer siempre inacabado, abierto, por negociar. Nos dice: "En razón de su naturaleza contractual y universalista, el estatuto de ciudadanía no era nunca una condición definitiva, sino que, al contrario, se encontraba sujeto a los cambios de extensión e intensidad que eventualmente se pudieran producir en su configuración jurídica"[17]. No sabría decir ahora si ese carácter abierto, esencialmente inacabado, del estatuto de ciudadanía puede derivarse de la doble naturaleza, contractualista y universalista, de la misma, o bien si habría que hablar de la triple naturaleza de la ciudadanía. Pero sí creo que la intuición de que el estatuto de ciudadanía ha de estar abierto en extensión e intensión, ajustado a los ritmos históricos, apunta una tesis clave de este debate, sobre la que habremos de volver.

Esta teoría de la doble o triple naturaleza de la ciudadanía moderna merece un comentario detenido, que nos ayudará a precisar nuestra posición. Comencemos por la dimensión contractual. En su afirmación general me parece irrefutable. En el liberalismo el vínculo jurídico o identidad civil sustituye y desplaza a las adscripciones naturales o históricas, étnicas o culturales; pero, además, y a diferencia del modelo romano de ciudadanía, en el modelo liberal la relevancia del vínculo jurídico proviene del carácter contractual del mismo, de tener su origen en decisiones libres de los individuos; es decir, la condición de ciudadano presuponía la libertad del individuo en tanto que la naturaleza contractual de la ciudadanía

[17] Ibíd., p. 164.

implica que el acceso a la misma sea una decisión voluntaria concretada en un contrato.

Ahora bien, aprecio algunas imprecisiones o ambigüedades en la argumentación de la naturaleza contractual de la ciudadanía: no se precisa si del contrato, además de derivarse el *status* de ciudadano y el *estatuto* de la ciudadanía, se deriva el *derecho* a la ciudadanía; en la argumentación se silencian los límites del universo contratante, si está o no legitimada la exclusión; al acentuar el carácter de la ciudadanía como derivada o constituida en el contrato social, se oculta el problema del derecho a la pertenencia, a estar presente en el pacto, etc. Creo que estas confusiones dejan ver la contaminación de la teoría marshalliana, que confunde entre: a) el *derecho a la ciudadanía*, es decir, a elegir la pertenencia a una comunidad política; b) el *estatus o condición de ciudadano*, que no prejuzga las condiciones del mismo, y que se identifica con el hecho fáctico de la pertenencia a una comunidad política, situación a la que se llega mediante el pacto social; y c) el *estatuto o contenido de la ciudadanía*, es decir, los derechos, deberes y privilegios de los ciudadanos, en los límites del pacto y que recogen las conquistas civiles, políticas y sociales en el seno del mismo.

Esta distinción permite pensar el derecho a la ciudadanía como derecho (prepolítico) del hombre y, al mismo tiempo, mantener la tesis de la naturaleza contractualista de la ciudadanía, pero ahora bien delimitada. Esta naturaleza contractual, en primer lugar, es clara respecto al *status* de ciudadano y al estatuto de la ciudadanía, porque ambos remiten al contrato social, ambos se derivan del mismo: la titularidad se otorga en el contrato, es decir, sólo los contratantes devienen ciudadanos, y el contenido del contrato –derechos, deberes, privilegios, relaciones– pasa a ser el contenido de la ciudadanía. Pero es igualmente clara, en segundo lugar, respecto al derecho a la ciudadanía, aunque pueda parecer paradójico por ser pre-político, previo al contrato. Efectivamente, el derecho a la ciudadanía en el universo liberal, que aparece como derecho a elegir una comunidad política sin sujeción a determinaciones o límites, en el fondo es un derecho a firmar el contrato social, mecanismo de elección del orden político que éste instaura y la comunidad política en la que ser ciudadano. Parece obvio, por tanto, que en el universo liberal el contrato es la puerta y la vía de la ciudadanía; y que el derecho universal a la ciudadanía deriva del presupuesto de ese contrato como infinitamente abierto a todos y a lo largo del tiempo.

Considero más insuficiente la argumentación de la segunda naturaleza, la que postula la universalidad de la ciudadanía; y creo que este es el frente caliente del debate. Desde luego no basta postularla y, como hemos dicho, hoy no forma parte de la "razón pública"; en el espacio liberal no hay acuerdo sobre el derecho universal a la ciudadanía. Por tanto, mientras no se encuentren mejores argumentos, la apuesta ideológica por una ciudadanía universal seguirá ofreciendo flancos débiles. Aunque, por otro lado, negar ese derecho desde el universo liberal tampoco es fácil sin caer en inconsistencias. De ahí que nuestra estrategia no aspire a argumentar la pertenencia intrínseca al discurso liberal del derecho universal a la ciudadanía, sino a mostrar que, aunque no fuera así, aunque no estuviera incluido en el inventario liberal de derechos del hombre, no puede negarse sin contradicción con su teoría contractualista y su legitimación de la apropiación privada.

Acabaremos este apartado con un par de reflexiones sobre la idea del carácter abierto del estatuto de ciudadanía. En el contexto en que se formula parece referirse fundamentalmente al *estatuto* y, mediatamente, al *status*, en tanto que el carácter abierto posibilita e implica cambios en el universo de asociados; pero no veo que así planteado afecte al *derecho* a la ciudadanía. Y sería difícil sostener, por un lado, ese derecho universal y, por otro, un estatuto abierto a negociaciones según contingencias históricas. Es éticamente impensable la escena de individuos con derecho a la ciudadanía haciendo colas esperando los papeles de la benevolencia o la negociación.

Creo, no obstante, que es una bella idea la de una ciudadanía intrínsecamente abierta, en su contenido y en su universo, como estatuto y también como derecho (aunque parezca una hipótesis demencial), ajustándose a los cambios estructurales del mundo. Y ello exige, de inmediato, fijar bien su sentido, evitar confusiones y ambigüedades. Por ejemplo, no se trata sólo de una exigencia hecha desde la sociología y la economía. Es obvio que, a lo largo del tiempo, el estatuto de ciudadanía ha ido cambiando al ritmo de los cambios en el orden político, que la ciudadanía en cada momento expresa y condensa las relaciones y el destino del orden político.

Y es igualmente palmario que el acceso a la ciudadanía ha estado y está fuertemente determinado por la evolución del mercado, y en especial del mercado de trabajo. Pero esa apertura dependiente de las condiciones históricas carece de interés desde el punto de vista normativo en el que nos situamos. Estamos hablando de derechos, no de mercancías; y lo que afirmamos, aunque suene a paradoja, es que los derechos y la justicia, que al fin son prescripciones de la razón, también se ajustan a los tiempos. Queremos decir que el derecho a la ciudadanía universal, al igual que el estatuto de ciudadanía, está afectado de determinaciones históricas, como enseguida mostraremos; es un derecho que en el discurso liberal aparece en el tiempo, en determinadas condiciones. Y, por tanto, para cumplir ese requisito de ajuste contextual, para que sea legítima la reformulación de la ciudadanía, hemos de otorgarle una naturaleza abierta.

IV. Ciudadanía y contrato social

1. Textos y razones

En lugar de intentar argumentar en positivo la universalidad del derecho a la ciudadanía, preferimos plantearnos su relación con la teoría del contrato social; y nos contentaríamos con poder mostrar de forma convincente que la negación de tal derecho genera contradicciones, transgrede sus principios, aunque no pudiéramos inferirlo de los mismos. Pues si llegáramos a demostrar que el Estado entra en contradicción consigo mismo, viola sus principios liberales, al negar los papeles a un emigrante, habríamos abierto un nuevo escenario de representación donde resaltara la alternativa: o la fuerza, o renegociar el contrato social.

El Estado moderno se instaura eficazmente en la medida en que reenvía a lo privado, a la particularidad, los factores etnoculturales y religiosos, presentándose como espacio público universal, neutral en cuanto a determinaciones étnicas, culturales, religiosas, ideológicas, etc. Por tanto, todas aquellas cualidades que antes habían servido para fundar la pertenencia a una tribu, ciudad o nación, ahora son neutralizadas políticamente en la idea del Estado. La pertenencia a la comunidad política, en consecuencia, deja de definirse por cualidades objetivas etnoculturales para fundarse en un vínculo político jurídico artificial y abstracto.

En la representación legitimadora el discurso liberal piensa el establecimiento del Estado moderno bajo la figura del contrato social, en un contexto imaginario de decisiones subjetivas, voluntarias y libres. El menosprecio de las determinaciones naturales e históricas, y el carácter de decisión libre y voluntaria, son dos rasgos esenciales del discurso liberal; el *status* de contratante es universal, sin restricciones: ¿cómo podrían imponerse si han de ser jurídicas y aún no existe el derecho? El escenario que hace pensable el contrato social está poblado de individuos con derecho natural al pacto; o, al menos, por individuos a quienes no se les puede sin arbitrariedad manifiesta impedir entrar en el pacto. El pacto se piensa como ilimitadamente abierto a todos y a lo largo del tiempo. Por tanto, parece razonable pensar que al contrato social liberal le es intrínseca la ausencia de cualquier clausura, de cualquier exclusión.

Hay un argumento empírico a favor de esta tesis, derivada de la autoridad de los teóricos liberales del contrato social. Al describir el momento constituyente hacen abstracción de cualquier determinación (étnica, cultural, social) de los contratantes; suponen un escenario de hombres libres e iguales donde grupos contingentes de individuos, haciendo abstracción de sus determinaciones e identidades pre-políticas, deciden ligarse mediante un *pacto social*, que instaura al mismo tiempo el correspondiente espacio social, económico y cultural y un orden político comunes[18].

---

[18] En todos los textos clave el escenario del pacto describe a los hombres en general en situación de estado de naturaleza. Puede apreciarse en

Y también hay a favor de la tesis un argumento racional, fundado en la coherencia exigible al discurso. Para el liberalismo la única base de legitimación es la decisión libre del individuo; por eso, para legitimar el contrato, han de imaginarlo obra de decisiones individuales libres y concertadas. No puede excluir a nadie, pues no hay ningún principio o criterio legítimo de exclusión antes del contrato; no hay ningún referente trascendente y ningún principio trascendental al que someter la voluntad del individuo; no se acepta ninguna instancia objetiva exterior desde donde poner el límite a su inmanencia. Sólo después del pacto, y como efecto suyo, aparece un adentro y un afuera; sólo después aparece la escisión ciudadano / extranjero. Por tanto, en el punto cero, en el momento constitucional, el contrato social pensado por el liberalismo está abierto a todos.

Como la figura del contrato no tiene pretensiones descriptivas sino legitimadoras, tampoco puede poner límites temporales, no puede excluir a los que no se incorporan en el origen, como si hubiera un momento histórico de la firma. En ese imaginario de legitimación en que consiste el pacto social, pertenecen a un Estado quienes suscriben el pacto que lo constituye, es decir, quienes en cualquier momento deciden jugar con las reglas de juego que en el mismo se instauran. En la medida en que el pacto queda siempre imaginariamente abierto, pueden entrar cuantos opten por aceptar el juego político y salir cuantos prefieran buscar otro lugar del pacto. En rigor, desde el "individualismo" liberal, desde esa idea del hombre desencarnada, descontextualizada, desculturizada,

---

HOBBES (*Leviatán*, I, XIV y XV); LOCKE (*Segundo tratado sobre el gobierno civil*, §§ 77-122); o ROUSSEAU (*Del contrato social*, I, VI).

desdivinizada, desencantada, parece imposible negar con coherencia la pertenencia, y por tanto la ciudadanía, a cuantos aspiren a ella. Sólo serían legítimas, con el argumento de la racionalización del proceso, algunas exigencias protocolarias orientadas al orden y estabilidad del mismo, es decir, a evitar disfunciones contrarias al sentido del pacto[19].

2. *La patria, instancia de exclusión*

La paradoja del contrato liberal es que, si bien en el origen no puede ejercer la exclusión y, por ser instancia legitimadora y valorativa, y no descriptiva, ha de repetirse sin solución de continuidad a lo largo del tiempo, no es menos cierto que su resultado, la instauración de un Estado, de una identidad político-jurídica, es una clausura que implica una exclusión, crea un adentro y un afuera, un nosotros y un ellos, lo mismo y lo otro. Es decir, la identidad jurídica, aunque viene a silenciar las diferencias prepolíticas, instaura a su vez la diferencia política. El vínculo político-jurídico, tan abstracto y universal a nivel interno del Estado, es también una figura de la clausura y la exclusión, al sustituir la tribu o la nación por la *patria*.

---

[19] Podríamos añadir otro frente de argumentación, poniendo en relación el derecho a la ciudadanía con derechos tan sagrados para el liberalismo como la libertad y la igualdad. Restringir al individuo la elección de la comunidad política a la que pertenecer, en cuyo pacto inscribirse, en la que buscar la realización de sus planes de vida, parece limitar su libertad natural y violar su derecho a la igualdad natural. Es decir, antes del pacto, como hombres, los individuos del discurso liberal han de tener igual libertad para elegir, por encima de sus determinaciones etnoculturales y contra ellas, la comunidad política a la que pertenecer. Pero esta vía de reflexión nos alejaría de nuestros objetivos actuales.

Se sustituye una identidad por otra, una forma de exclusión por otra. Si en el fondo de las viejas identidades operaba el instinto de tribu, en la nueva opera el instinto de clase, que empuja a pensar el Estado como un espacio económico natural, al modelo de una fábrica, donde los bienes producidos se repartieran entre los productores y de forma desigual entre ellos. La patria, por tanto, pasó a ser un referente de identificación y, por lo tanto, de exclusión; las formas de identidad-exclusión prepolíticas fuertes fueron sustituidas por otras más débiles, integradas ideológicamente en torno a la idea de *patria*. La patria, como referente político-jurídico, libre de determinaciones etnoculturales, es la metáfora de una gran empresa cuyos socios son los propietarios; bajo las representaciones simbólicas se oculta el verdadero vínculo de identidad: el interés económico. Un vínculo débil, azotado por los tiempos, que ha hecho que las patrias liberales sean identidades frágiles y ejerzan una exclusión de baja potencia.

Pero, insistimos, la idea de la patria encaja contradictoriamente en los presupuestos del contrato liberal; en cierto sentido el patriotismo es extraño al liberalismo. No nos parece sorprendente la idea de Rousseau expuesta en el *Emilio*, según la cual no puede haber ciudadanos donde ya no hay patria, que apuntaba directamente al corazón del Estado moderno, bajo la añoranza de una patria comunitaria donde tuvieran su peso y su expresión las identidades culturales y religiosas. Sí parece sorprendente, en cambio, que el propio liberalismo mantenga la idea de patria y la tome como referente de la ciudadanía. Sorprendente porque el liberalismo, en su discurso sobre el Estado moderno, ha roto simultáneamente con la idea clásica de ciudadanía y con la de pertenencia que la fundaba. No será sólo MARX quien afirme que "los proletarios no tienen patria", sino los hombres del 89, con CONDORCET a la cabeza, quienes se proclamen "ciudadanos del mundo".

La idea clásica de ciudadanía se refería a un título sustantivo, a una condición finalista del hombre; ser ciudadano era la manera de realizar y culminar la esencia humana, la manera de adquirir y ejercer las virtudes más eminentes del hombre; y a dicha condición, a dicho título, se accedía mediante la determinación de la pertenencia, entendida en sentido étnico-cultural, en sentido genuinamente ético (compartir carácter, costumbres, historia, lengua, tal vez raza, etc.). Pero el liberalismo ha roto con ese horizonte de significación; por tanto, si sustituye la comunidad etno-ética por la patria, es a costa de eliminar de ésta todo contenido ético y reducirla a referente político-jurídico con densidad económica de fondo. No podrá ir más allá de una patria que a medida que irrumpe en una historia contemporánea homogénea y banal y de economía globalizada acaba perdiendo su sentido[20]. Hoy "defender la madre patria", como sin duda clamaría el republicanismo progresista de los siglos pasados, suena a viejo, obsoleto y residual.

El patriotismo, a pesar de su presencia y su juego, no es intrínseco al discurso liberal; su presencia, salvo momentos

---

[20] Baste recordar, en el caso español, el devenir de tres símbolos de la soberanía: el ejército ya es profesional, una empresa de servicio entre otras, además con tendencia a disolverse en estructuras internacionales, como las empresas con futuro; la moneda se disolvió en una unión globalizadora; y la bandera pierde fuerza entre la comunitaria y las de las comunidades.

coyunturales, ha sido débil. Pero la patria ha sido el referente liberal de la exclusión y la gestión de la ciudadanía, ejercida en nombre del interés sacralizado de la patria. Las exigencias del capitalismo han ido marcando los vaivenes del discurso: ora favoreciendo la entrada de fuerza de trabajo ora restringiéndola. A veces el derecho de pertenencia se concedía con tanta facilidad que parecía mero protocolo de formalización de un derecho universal; otras, en cambio, se acentuaba el carácter del derecho como concesión estatal restrictiva y selectiva. Durante siglos los cambios de nacionalidad, los flujos migratorios, se han dado fluidamente, *cuasi* como si se tuviera derecho a elegir Estado. Al menos ha sido así mientras la clase burguesa necesitaba mano de obra de otros lugares y países; las necesidades del capitalismo ayudaban una vez más a la coherencia con el discurso universalista. El lastre residual de las antiguas formas de identificación y exclusión, que persistía, era soportable y la discriminación que ejercía afectaba más a la igualdad interior que al acceso a la pertenencia.

En el capitalismo contemporáneo, *postburgués*, las condiciones han cambiado, especialmente en dos aspectos. Primero: el exceso de población (juego de la demografía y la tecnología a escala nacional; de la globalización económica y la aldea cultural global, junto a la universalización de los medios de transporte y comunicación, a escala mundial); la mano de obra ya no es necesaria (para ser más correctos, su necesidad no es ya indiscriminada, necesita regularse como cualquier mercancía del mercado: comprarse y venderse en cantidad, cualidad y tiempos precisos y variables). Segundo: la generalización de los derechos, incluidos los sociales. Las conquistas sociales encarecen de manera alarmante el mantenimiento del "ejército de reserva" y hacen insoportable una "legión extranjera" (el permiso de residencia implica un costo excesivo). Tener parias en el territorio era barato e incluso rentable económicamente; tener ciudadanos, aunque sean súbditos, hoy tiene un costo que el capital considera excesivo.

3. *Contrato mercantil y contrato social*

Retomemos la cuestión principal. El discurso liberal, por un lado, ni en sus textos ni en su práctica histórica afirma el derecho universal a la ciudadanía en sentido estricto; por otro, el escenario y la formulación de la idea del contrato inducen a pensar la necesidad racional de presuponer ese derecho, sin el cual el pacto pierde coherencia y fuerza de legitimación; y, en tercer lugar, la práctica del Estado moderno y el juego simbólico de la patria responden a la idea de que el derecho de ciudadanía es un privilegio concedido por el Estado o, si se prefiere, por el grupo de asociados.

Este último elemento tiene una poderosa fuerza persuasiva, y amenaza con decidir la cuestión sin permitir plantearla. En gran medida dicha persuasión procede del desplazamiento de la genuina idea del contrato social por una representación mercantil del mismo. Si la patria es una propiedad común, como cualquier otra, parece razonable aplicar los mismos usos y criterios que en el mercado; si el Estado es un gran club privado, parece razonable ejercer la reserva del derecho de admisión.

En "El coste de los derechos cívicos y la inversión de la inmigración"[21], J. M. Rosales trae a colación la pregunta

---

[21] J. M. Rosales. "El coste de los derechos cívicos y la inversión de la inmigración", en N. Fernández Sola y M. Calvo García (coords.). *Inmigración y derechos*, Zaragoza, Mira Editores, 2001, pp. 61 a 82.

"¿Quiénes son los dueños legítimos del Estado?", de Andrew Oldenquist; y parece tentado a responder con él: los ciudadanos. En un escenario interior, esa respuesta significa una opción por la democracia frente al Estado, la burocracia, los grupos de presión, etc.; pero en el escenario de la emigración, la repuesta traduce el rechazo y la exclusión de los otros.

Bien mirado, la idea de que los ciudadanos son legítimos dueños del Estado responde a una concepción de éste como club privado, cuyos socios son propietarios de la infraestructura, de los bienes muebles e inmuebles, de la imagen, del ambiente de sus salones, e incluso del buen gusto de los gestos, maneras y ademanes de los asociados; y, por supuesto, con derecho a decidir sobre admisiones y vetos. Y se comprende que, en ese escenario, desde la ocasional dirección a la perentoria conserjería tengan el derecho y el deber de vigilancia de entradas y salidas y control de permisos, licencias e invitaciones. Pero la imagen del Estado como club social, bien avalada por la práctica de los Estados liberales, no encaja bien en el discurso filosófico liberal. De hecho, esa imagen trata de ocultarse, se siente como inmoral o frívola, se disfraza tras sentimientos patrióticos más nobles, etc.; y ese rechazo moral y estético induce a sospechar que no se ajusta bien al ideario liberal.

Junto al rechazo ideológico hemos de poner la inconsistencia de la misma idea del Estado-club, que se corresponde con una interpretación del pacto social como contrato mercantil. Los asociados de un club son propietarios del mismo y, por tanto, detentan el derecho de adquisición y veto sobre nuevos socios, sólo porque es reconocida por los otros su posesión efectiva privada del club; y tal reconocimiento se expresa en la ley –no la del club, sino la del Estado, aceptada por los otros– de otra asociación a la que el club y sus miembros pertenecen y en la que, junto a los miembros del Estado que no lo eran del club, han firmado el contrato social que regula la propiedad y otras relaciones entre ellos. O sea, la legitimidad de las reglas de un contrato cerrado requieren de su adecuación a una ley, que pertenece a una institución –unos contratantes– en la que sus partes se incluyen. Los clubes privados pueden ser cerrados, pero siempre sometidos a una ley –de otra asociación– que legitima y pone los límites de su clausura/exclusión; el contrato que los autodetermina es mercantil, y todo contrato mercantil refiere a un Estado, todo derecho privado refiere a un derecho público, como decía KANT.

Ahora bien, el contrato que funda el Estado soberano, por no ser legitimable por referencia a una instancia exterior determinante del mismo, no puede ser mercantil y su legitimidad debe responder a otras exigencias. Sólo podríamos considerar el Estado como un gran club estatal privado, propietario de su suelo, subsuelo, aire, costas, industria, riquezas, paz, cultura, clima, etc., acotado dentro de sus fronteras, si los otros clubes estatales lo reconocen como tal, reconocen sus fronteras, su soberanía. Pero, como ponen de relieve los teóricos del Estado moderno en sus orígenes, la legitimación de la posesión, expresada en el reconocimiento por los otros, requería el recurso a la firma imaginaria de un contrato que fijaba el derecho internacional. Mientras no fue así, o en la medida en que aún hoy no es del todo así, los Estados se imaginaban en guerra de todos contra todos, o al menos de unos contra otros, como en el estado de naturaleza.

A la hora de pensar el derecho internacional un liberal tiene la siguiente alternativa. O bien se imagina un universo abierto de individuos libres e iguales que negocian el pacto, es decir, un escenario original que incluye a todos los individuos con derecho a pactar, con derecho a elegir Estado, con derecho a la ciudadanía; o bien defiende que un grupo particular de individuos, previamente unificados por alguna determinación de la identidad, pactan entre sí y frente a los otros y se erigen en poseedores efectivos de una parte del mundo. Y aunque tal vez esta imagen se aproxime más a la histórica, carece de fuerza legitimadora por fundar el pacto en un acto de fuerza que, para un buen liberal, no genera derecho. Por tanto, la respuesta: "los propietarios del Estado son sus ciudadanos" no es consistente. La legitimación de la propiedad reside siempre en el reconocimiento por los otros; lo que implica que, en el origen, en el momento contractual, todos son actores, no hay posibilidad alguna de exclusión legítima.

V. Ciudadanía y propiedad

En el ideario liberal la patria no es sólo el espacio de identidad del contrato mercantil; al mismo tiempo es el referente de la propiedad. Referente en tanto que ámbito de legitimación, de reconocimiento de la apropiación, donde se ejerce y protege la propiedad privada efectiva; y referente en tanto que objeto de una forma paradigmática de la propiedad colectiva, constituido por un espacio de vida, cultura, paz, libertad, bienestar, derechos, proyectos y esperanzas poseídos en común. La ciudadanía, como *status* y como estatuto, forma parte de esos bienes de propiedad colectiva. Y en tanto que el derecho a la ciudadanía significa poder ingresar en el inventario de socios copropietarios, se comprende las resistencias a su reconocimiento. Nada más concordante con el sentido común liberal que otorgar a los socios de un club o empresa el privilegio de admitir o rechazar nuevos socios y fijar las condiciones de entrada. De ahí que G. SARTORI pueda afirmar sin vergüenza que la ciudadanía, más que una negociación en beneficio mutuo, es una obra de beneficencia, una "acogida" paternalista, por lo cual el patrón ha de tener la última palabra: "mantengo que el criterio que gobierna la difícil navegación que estoy narrando es esencialmente el de la *reciprocidad*, y una reciprocidad en la que el beneficiario (el que entra) *corresponde* al benefactor (el que acoge) reconociéndose como beneficiado, *reconociéndose en deuda*"[22].

La idea de SARTORI está ampliamente arraigada en nuestras sociedades liberales, aunque se la matice y enmascare cuando se manifiesta públicamente (lo que es síntoma de desajuste con la propia moral liberal). Nada más habitual en el propio pensamiento liberal que pensar el Estado, la patria, como un club privado legítimamente poseído. En estas representaciones queda negado el derecho a la ciudadanía, equivalente político del derecho a elegir club. La cuestión que hemos de plantear es si esta idea es coherente con los principios del liberalismo.

1. *Teoría liberal de la propiedad*

Para tratar el problema con cierto rigor debemos analizar la teoría liberal de la propiedad o, para ser más precisos, de la apropiación justa. Y para ello el referente canónico es LOCKE, pues no hay ningún otro autor que haya teorizado con más

---

[22] G. SARTORI. *La sociedad multiétnica*, Madrid, Edit. Taurus, 2001, p. 54.

claridad y profundidad la apropiación justa; hasta los más agresivos neoliberales (ROBERT NOZICK, DAVID FRIEDMAN o MURRAY ROTHBARD, entre otros[23]) asumen el enfoque y los límites fijados por LOCKE.

El gran reto que asume LOCKE es el de fundamentar la propiedad –es decir, mostrar su justicia– sin considerarla un derecho natural. No puede considerarla natural por dos tipos de argumentaciones. Unas teológicas, por respeto al texto bíblico[24], donde se dice que Dios ha dado la tierra en común a los hombres; no les ordenó ni les prohibió repartírsela, pero se afirma de forma rotunda que, en el origen, todos tenían derecho a ella. Y otras racionales, pues la razón exige pensar un origen de todas las cosas, por tanto, un momento sin propiedad, un tiempo de ausencia, de inexistencia, y una aparición justificada de la misma.

El problema filosófico-político derivado de este origen, teológica o genealógicamente fundamentado, consiste en "mostrar cómo los hombres pueden llegar a tener una propiedad particular de lo que Dios dio a la humanidad en común y sin que sea necesario pacto expreso entre ellos". Pues dicho pacto no es verificable en el tiempo y, en todo caso, sería inválido para la humanidad en su devenir. De los dos argumentos que usa LOCKE, el más relevante para nosotros es el que se sustenta en el principio del *derecho del autor a su obra*[25].

---

[23] Cfr. D. FRIEDMAN. *Capitalism and Freedom*, Chicago, University of Chicago Press, 1962; ÍD. *Free to Choose*, Harmondsworth, Penguin, 1973; y M. ROTHBARD. *For a New Liberty. The Libertarian Manifesto*, New York, Collier, 1978.

[24] DAVID. *Salmos*, CXV, 16.

[25] El otro argumento, derivado de la máxima racional según la cual la

El derecho del autor a su obra remite, en definitiva, a la idea del hombre como ser propietario: propietario de sí mismo, de su cuerpo y de su alma, y de cuanto haga, cree u obtenga con ellos. Se trata de la figura del hombre que C. B. MACPHERSON ha llamado "individualismo posesivo"[26], y que LOCKE describe como un ser propietario al menos de su persona: "Aunque la tierra y las criaturas inferiores sean comunes a todos los hombres, cada uno tiene propiedad sobre su persona"; o "Todos los hombres tienen la propiedad de su persona. Nadie, fuera de él, tiene derecho alguno sobre ella". De esta propiedad sobre sí mismo deriva su condición de propietario de sus acciones y, en consecuencia, de los productos de sus acciones: "El esfuerzo de su cuerpo y el trabajo de sus manos, podemos decirlo, son su propiedad, y cualquier cosa que él saque del estado en que la dejó la Naturaleza, ya mezclada con su esfuerzo, tiene algo de él y por ello se convierte en su propiedad". LOCKE insiste incansable en la idea, que sabe persuasiva, del hombre propietario de su labor y su obra, de su esfuerzo y su imaginación: "Podemos decir que el trabajo de su cuerpo y la obra de sus manos son propiedad suya"[27].

Desde esta antropología, subsistir en la tierra y de la tierra es apropiarse de ella, hacerla suya *físicamente*, convertirla en su cuerpo (comer, digerir); trabajar la tierra es también hacerla suya *metafóricamente*, convertirla en su obra, en la

---

necesidad genera derecho, no es definitivo, pues fundamenta la apropiación (hecho físico), no la propiedad (hecho jurídico).

[26] C. B. MACPHERSON. *La teoría política del individualismo posesivo*, Barcelona, Edit. Fontanella, 1979.

[27] J. LOCKE. *Segundo tratado sobre el gobierno civil*, secc. 27.

objetivación de su alma, porque en ella proyecta su acción; mediante el trabajo la humaniza, la mezcla con su ser, la riega con su sudor y su imaginación, la convierte en parte de su vida, en prolongación de sí mismo.

En este contexto plantea la gran alternativa: uno de los dos grandes principios naturales ha de ser violado. O bien se acepta, contra el mandato divino y los criterios de la razón, que la tierra pueda ser repartida y apropiada privadamente, de manera que los frutos de la misma sean para quien la trabaja con su cuerpo y su alma; o bien se acepta, con lo que se vulnera el sagrado principio del derecho del autor a su obra, un usufructo colectivo de la misma, y la ilegitimidad por tanto de la propiedad privada.

Locke, como es bien sabido, intenta resolver esta paradoja de forma hábil e imaginativa: al tiempo que se inclina por salvar el principio del derecho de autor, establece unas "cláusulas de la apropiación justa" que tratan de salvar la adecuación al espíritu, ya que no a la letra, del principio de uso común de la naturaleza. De las tres cláusulas o límites nos interesa sólo uno: "Esta apropiación es válida", nos dice, "cuando exista la tierra en cantidad suficiente y quede de igual calidad en común para los otros"[28]. Puesto que cada hombre tiene derecho a sobrevivir, nadie puede justificar moralmente la apropiación de una propiedad común para sobrevivir uno mismo y que amenace la vida de los otros.

Al ser la tierra un bien escaso –y toda la reflexión sobre la propiedad se ciñe a la tierra, medio de producción central en su época– podría plantearse la inaplicabilidad de tal

---

[28] Ídem.

cláusula a medida que creciera la población. De todas formas, LOCKE siempre pensó en la infinitud de la naturaleza, porque incluso en su época, como decía, existían amplias extensiones de tierra sin ser explotadas. Así, la privatización absoluta de la tierra en la Europa del XVII no incumplía la regla de aplicación justa. LOCKE escapaba a la crítica afirmando y creyendo que aún quedaban tierras vírgenes en América: "La regla de apropiación, es decir, que cada hombre posea tanto cuanto pueda aprovechar, podía seguir siendo válida en el mundo, sin que nadie se sintiera estrecho y molesto, porque hay en él tierra bastante para mantener al doble de sus habitantes, si la invención del dinero, y el acuerdo tácito de los hombres de atribuirle un valor, no hubiera introducido (por consenso) posesiones mayores y un derecho a ellas"[29].

Un liberal consecuente de nuestros tiempos ya no podría ser optimista respecto a la infinitud de la tierra como medio de producción; pero recurriría a un discurso más abstracto y consistente, aplicando la regla a los "medios de producción", e incluso a los "medios de subsistencia". Pues es en este argumento en el que se basa la defensa del Estado de Bienestar, cuando las prestaciones sociales se piensan como derechos de los individuos y no como caridad. Por tanto, la cláusula lockeana de la apropiación justa, debidamente actualizada, debería decir algo así: *la apropiación privada, individual o estatal, es justa cuando deja a los demás bienes de producción o subsistencia suficientes en cantidad y de similar cualidad.* LOCKE pensaba en el ideal de una sociedad de pequeños y honrados propietarios trabajadores; el modelo correspondiente

---

[29] Ibíd., secc. 36.

a nuestro tiempo sería una sociedad muy igualitaria en la repartición del trabajo y la pertenencia. En todo caso, lo que queda deslegitimado en el propio discurso liberal constituyente es una apropiación particular de los bienes que condene a los otros a la miseria. La espontánea creencia en la legitimidad del Estado para distribuir sus bienes entre sus miembros no tiene respaldo racional, ni tampoco moral[30].

Nozick asume la teoría lockeana, y la incluye como uno de los dos principios que configuran su concepción de la justicia, el de la *apropiación originaria legítima* (el otro es el de la *libre transferencia de la propiedad*)[31]. Es muy consciente de que el punto débil de su teoría es, precisamente, la sospecha de que toda apropiación, aunque se realice en un acto legítimo, no esté contaminada de ilegitimidad en la larga cadena histórica de intercambios de la propiedad. Por eso ha de añadir a su teoría de la justicia un *principio de rectificación*, que corrija las violaciones históricas de los dos anteriores principios. Obviamente, la historia es tan larga y densa en violaciones que es imposible una rectificación *ad casum*. Por tanto, se ve obligado a admitir algún tipo de compensación a los desposeídos como reparación de injustas apropiaciones pasadas que permita pensar legítimo el presente.

Ahora bien, no creo que así se cumpla la cláusula lockeana. La solución de Nozick viene a ser la del paternalismo occidental, dispuesto a ayudar (compensar del expolio) al Tercer Mundo para su desarrollo; la de Locke prohibía la

---

30 Cfr. P. van Parijs. *¿Qué es una sociedad justa?*, Barcelona, Edit. Ariel, 1993, pp. 95 a 104.

31 R. Nozick. *Anarchy, State and Utopia*, New York, Basic Books, 1974, pp. 178 a 182; trad. castellana en México, FCE, 1988.

apropiación privada de la tierra si, con ello, otros quedaban abandonados a la miseria. Y esos "otros" incluye, obviamente, a todos los hombres a lo largo del tiempo. La justicia en LOCKE exigía reparar el mal, restablecer el equilibrio originario de derechos; la de NOZICK se contenta con paliar los efectos, manteniendo definitivamente la escisión entre propietarios y desposeídos.

2. *La distribución internacional de la plusvalía*

En la propia teoría liberal de la propiedad se asumía la ilegitimidad de cualquier apropiación que dejara a los otros sin medios de vida. Pero, además, el sagrado derecho del autor a su obra –consagrado en la segunda cláusula lockeana, que limita la apropiación a la tierra que uno pueda trabajar con sus manos, lo que en la práctica equivale a condenar la explotación– plantea un problema añadido. La forma de producción cada vez más internacionalmente socializada y globalizada (desterritorialización del capital) pone en evidencia algo que el pensamiento liberal en los primeros tiempos del capitalismo no previó. En aquellos tiempos se tuvo consciencia de que la riqueza no se acumulaba en las arcas de quienes la producían (tesis marxistas); hoy constatamos que tampoco se acumula en los lugares y Estados donde se produce. El bienestar de las ciudades o países europeos –material, cultural, lúdico, democrático– se hace con plusvalor producido de forma dispersa por el resto del mundo.

Por tanto, el Estado-club no es legítimamente propietario de su bienestar, según el discurso liberal, porque su riqueza es producida por los otros, en otros lugares, tal vez allí donde su gente es empujada a la emigración. A la inversa, hay pocas razones liberales para negar a los emigrantes la participación en las riquezas –incluida la paz, las expectativas, el reinado del derecho, etc.– de un club que no es autor de las mismas y, por tanto, no es legítimo propietario.

No quiero extenderme en la descripción socio-histórica; creo que el concepto está bien fijado. Acabaré con una reflexión sobre algunas ideas de Henry Sidgwick[32], un brillante pensador liberal utilitarista del siglo XIX, que entendía que no podía encontrar ninguna razón para justificar el control del acceso a la ciudadanía. La máxima utilitarista de "la mayor felicidad para el mayor número", entendida en términos progresistas –es decir, ponderando los menores costos marginales para incrementar la satisfacción de los pobres y para elevar la de los ricos–, le llevaba a oponerse a la idea del Estado-club y acercarse a la idea del Estado-vecindad, es decir, una asociación más débil, abierta, sin más exigencia para la pertenencia que el respeto de los otros. Consideraba que el Estado sólo tenía que garantizar el orden en el territorio, dejando el mercado abierto a toda migración. No consideraba legítimo que el poder político controlara la ciudadanía y mucho menos que determinara la cualidad de los nuevos socios. Tales políticas pueden hacerse en base a intereses particulares o de grupos, pero no con respeto a los principios liberales y utilitaristas. Y ante las críticas de que tal permisividad reportaría serios perjuicios económicos y de identidad, tanto a los individuos como a la armonía del Estado, con exquisita lucidez podía contestar algo que nos gustaría escuchar hoy día.

---

[32] Henry Sidgwick. *Elements of Politics*, London, 1881.

Permítaseme repetirlo: la identidad no es un tema político en el Estado moderno y el bienestar hay que dejarlo en manos del mercado. ¡Qué envidiable coherencia! Si el valor de cambio de una comunidad baja, efecto de esos flujos migratorios, disminuirán éstos, que se orientarán a otros lugares, pensaba SIDGWICK. El Estado no tiene derecho –aunque tal vez sí fuerza– para controlar el mercado de trabajo internacional; a no ser que se le asigne la capacidad inmanente de autolegitimación, en cuyo caso se ha abandonado la perspectiva universalista del liberalismo y se ha adoptado la del comunitarismo y quién sabe si la del totalitarismo.

No deberíamos despreciar estas reflexiones de SIDGWICK. No era ciego a los efectos negativos del libre tránsito de fronteras. Sin duda sufriría el ideal patriótico, ante la falta de cohesión interna, la presencia de vecinos extraños entre sí; y quebraría la homogeneidad de la comunidad, ya que la población heterogénea y móvil sería refractaria a la promoción moral y cultural; e incluso afectaría al nivel de bienestar, afectando de forma inmediata a la regla utilitarista de "elevar el nivel de vida de los más pobres". Pero, no obstante, SIDGWICK sabía que los más pobres son los otros, y que si BENTHAM hubiera conseguido fijar su cálculo de la felicidad, podría mostrarse la validez de la siguiente regla universal: la distribución más igualitaria y universal es el óptimo de felicidad. Nosotros simplemente añadimos: y si no es así, seguro que es el óptimo de justicia.

Es curioso –y así cerramos de momento la reflexión– cómo se niega al Estado legitimidad para controlar el mercado interior, y se confía a éste la asignación de recursos –es decir, la realización de la justicia–, al tiempo que se le atribuye el deber de control de la ciudadanía. Y esta paradoja es mayor hoy, cuando se impone la liberalización creciente del mercado internacional, en definitiva, la globalización. ¿No es una paradoja sangrante que se defienda la globalización económica y se rechace la que es su inevitable envés, la ciudadanía universal? Más aún, ¿no es sorprendente que, en general, quienes claman con consciencia por el control de la ciudadanía son conversos de la mundialización, mientras que quienes se enfrentan con consciencia a ésta defienden la ciudadanía universal?

Encuentro pocos argumentos para no defender la ciudadanía como un derecho universal del hombre; encuentro pocos argumentos para defender como patria o patrimonio una realidad construida desde los otros, a veces desde la destrucción de los otros; encuentro pocos argumentos para defender identidades culturales y axiológicas en un mundo que ha hecho de la fragmentación y la contingencia su condición de vida; y encuentro pocas razones para una apropiación estatal de los bienes en un mundo globalizado. Encuentro, en cambio, ciertos atractivos en la defensa de un derecho universal a la ciudadanía, a la que considero figura actual de la lucha por la igualdad.

HANNA ARENDT ha escrito que "Una filosofía de la humanidad se distingue de una filosofía del hombre por su insistencia en el hecho de que no es un hombre, hablándose a sí mismo en diálogo solitario, sino los hombres hablándose y comunicándose entre sí, los que habitan la tierra"[33]. Simplemente añadiría, para evitar confusiones, que sí, que son hom-

---

[33] H. ARENDT. *Hombres en tiempos de oscuridad*, Barcelona, Edit. Gedisa, 1990, p. 76.

bres, pero hombres de distintas razas, lenguas, culturas y religiones quienes hablan y se comunican; y precisaría, para que no haya lugar a engaños, que sí, que es elogiable que hablen y se comuniquen, pero que pueden hacerlo mientras trabajan juntos y se reparten con justicia los bienes de la tierra.

Epílogo

Alguien puede decir: "¿Qué ganamos con este discurso? Denunciar la ilegitimidad o contradicciones del discurso liberal es perder el tiempo. Lo que se necesitan son estrategias exitosas". No lo dudo; pero me temo que las mismas no pueden ser protagonizadas por la filosofía. Quitar el poder y el monopolio de los derechos no es tarea filosófica, sino política, tal vez revolucionaria. Lo que sí puede hacer la filosofía es robarle al poder la palabra, quitarle la razón, desvestirle para que aparezca como lo que es: fuerza y silencio.

Es lo único que me siento capaz de hacer: robarles su palabra y su razón. Ya Engels advertía que llegaría el día en que el proletariado habría de salir a la calle a defender la democracia burguesa frente a la burguesía. Lukács describió cómo la filosofía renegaba de la razón cuando la razón negaba el orden capitalista. Quitémosles la palabra.

Esto me lo enseñó un colombiano, un artista, un poeta: Guillermo Villegas Mejía, El Yurayaco. Tiene instalada una de sus obras, *Perennidad*, en El Picacho, un montículo de la ladera noroccidernal, barrio de sicarios, desde donde Medellín aparece más bella, frágil y amenazada. Es un relato donde se cuenta el destino trágico de la familia paisa de las comunas: la "cucha" contempla firme la muerte de sus hombres. Y allí, junto a su obra, un día de hace unos años, El Yurayaco me contaba su sueño de convertir el montículo, lugar de amor y de sangre en las temerosas noches de El Picacho, en una obra de arte y en un símbolo de la libertad de la ciudad.

Con palabras concisas y gestos de manos seguros, expresiones de la claridad de la idea, dibujaba en el viento, con acentos egipcios y precolombinos, formas arquitectónicas que enmarcarían la ciudad. "Una ciudad enmarcada es una ciudad conquistada. Así la hacemos nuestra", decía. Quería que la comuna viera e hiciera suya la ciudad; que la comuna fuera y se sintiera también ciudad. Y soñaba con un espeso telón de crotos, esas bellas flores amarillas antioqueñas, forrando la pendiente bañada por el sol, "para que desde allí abajo, al mirar, vean que les hemos robado el oro, que el oro es nuestro". Quería quedarse con los valores de la ciudad para la comuna; quería que se viera en la comuna el valor de la ciudad. Quería robarles la belleza. ¿Qué mejor manera de derrotarlos?

Yo, desde la filosofía, siguiendo la lección del Guillo, me esfuerzo en quitarles la palabra.

ÍNDICE ONOMÁSTICO

Editado por el Departamento de Publicaciones
de la Universidad Externado de Colombia
en abril de 2005
Se compuso en caracteres palatino de 11 puntos
y se imprimió sobre propalbond de 75 gramos,
con un tiraje de 1.000 ejemplares
Bogotá - Colombia

Post tenebras spero lucem

Made in the USA
Monee, IL
05 November 2026

67383125R10142